ファイナンシャルプランナーが教える

終活
デザインブック

終活コンサルタント
安藤信平

合同フォレスト

はじめに

「もっと早く相談に来てくれていたなら！」

私は33年、終活関連やお金とライフプランに関する相談を３０００件以上受けてきましたが、とりわけ終活の相談を受けるとき、このように感じるケースがとても多いです。

相談に来る方の年齢によって、アドバイスできる内容や解決の選択肢が変わってきますが、その内容や選択肢は、年齢が高くなるほど少なくなってしまうからです。

40代、50代の方々に早いうちから終活の全体像をぜひ知っておいてほしい、これからの人生設計に役立ててほしいと考えています。病気において「予防や早期発見」が大切なのと同じように、**終活においても「予防や早期発見」が大切**なのです。

ファイナンシャルプランナーとして相談を受ける内容は、年金、保険、税金、相続、不動産など、ほとんどが終活で問題になるものです。

終活の木

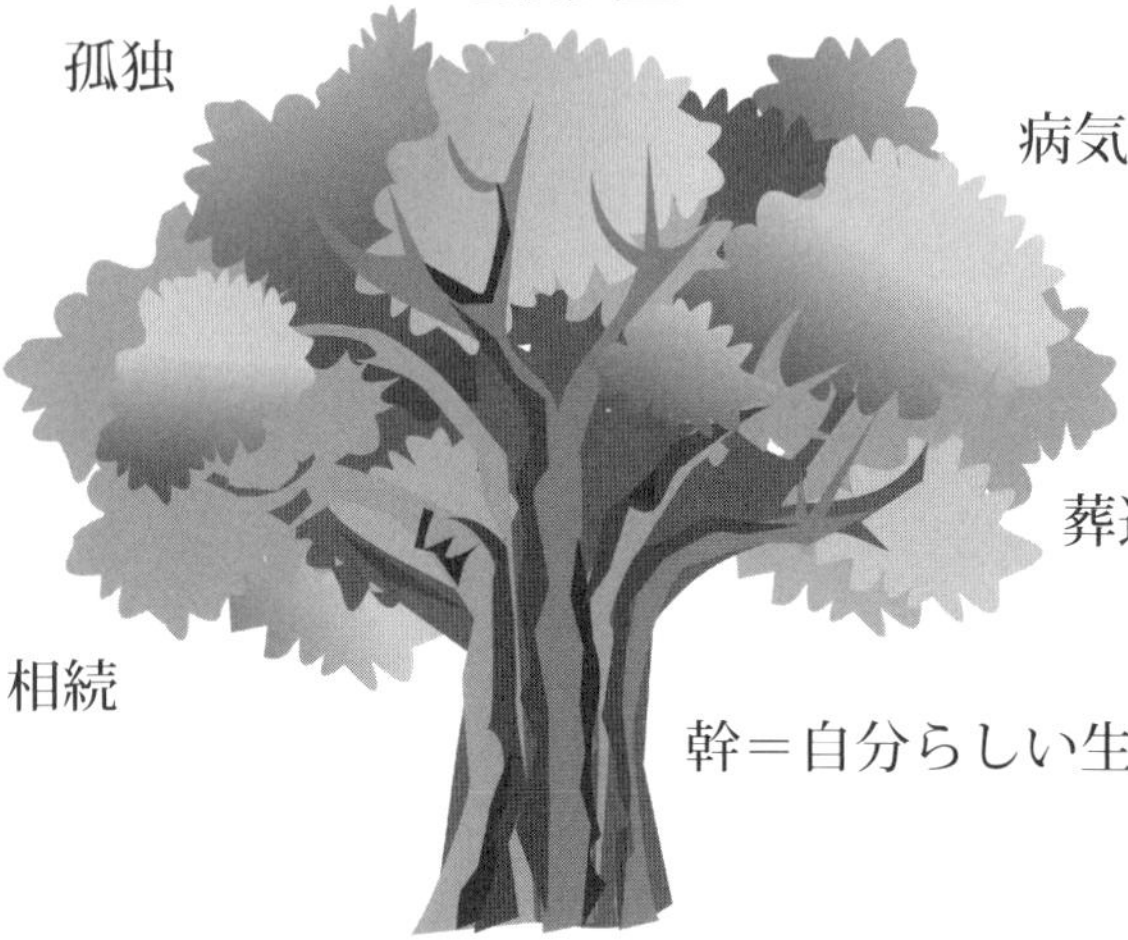

「早く相談して、解決策を用意しておく」

このことの大切さを皆さんに伝えたいと思うようになったことが、終活コンサルタントとして活動を始めるきっかけでした。

終活には大きく分けて、「定年までの備え」「定年からの生き方」「死と向き合う準備」という3つの段階（ステージ）があります。どの段階にもたくさんの課題があるため、「何から、どうやって始めたらよいのかわからない」というのが皆さんの実際の気持ちだと思います。

まず、終活の全体像をつかむための**「終活の木」**をご紹介しましょう（**右ページ図**）。

「エンディングノート」は、終活の土台となる部分なので「根っこ」です。

終活を考え、進めるに当たって前提となるのが「自分らしい生き方」で、これは「幹」。

老後資金や病気、葬送、相続、孤独など終活における大きなテーマは「太い枝」。

その先にぶら下がっている、貯蓄、年金、保険、介護、遺言などの一つひとつの事柄は「枝葉」です。

人生についての考え方は一人ひとり違います。当然、育てていく人生の姿は千差万別です。一つひとつの事柄（「枝葉」）はもちろん気になりますが、「根っこ」や「幹」をしっかり維持することが基本です。

ですから、

「自分の木がどんな木なのか」

「何が特徴で、何に注意するべきなのか」

「どの枝を伸ばし、どの枝を剪定するのか」

これらについて考えることが重要なのです。

終活を車で例えてみましょう。

「お金」「病気」「相続」「葬送」の４本のタイヤがあります。４本が連動して車が動きますから、溝が浅く空気が少ないタイヤがあれば、スリップしてしまいます。

たとえ「エンディングノート」というカーナビを付けても、４本のタイヤのバランスが悪ければ、目的地にたどり着けないかもしれません。

本書は、終活に向けた「予防と早期発見」のための本です。多くの終活本が出版されているなかで、本書の特長があるとすれば、終活の全体像を理解する必要性や、その人生ステージの羅針盤をお伝えしている点にあると自負しております。

終活の全体像を知れば、一つひとつの関連性もわかりますし、いま何をしたらいいのかもわかります。

設計図をつくらずに、家を建てることはありません。終活においても同じことです。地盤（自分自身を理解する）と図面（エンディングノート）がしっかりしていれば、修正はいくらでもできるのです。

私自身当事者として、葬儀の喪主を３回務め、９人の肉親の最期を看取り、３人の相続を経験しました。また、４人の終末期をともに過ごし、医師と真剣に相談したこともあります。ファイナンシャルプランナーという専門職に就いている私ですが、**当事者としての体験はまた特別で、とても学ぶことが多いものでした。**相談を事例として対応するのと、当事者の立場として解決策を考えるのでは、おのずと内容が違ってきます。

本書を通して、皆さんにも終活の重要性を身近に感じていただき、今後の人生設計の参考にしていただければ幸いです。

２０１７年10月吉日

終活コンサルタント　安藤　信平

目次

第2章　老後の財布を計算して、いまから準備する

第3章　健康なうちに医療・介護のことを知っておく

第4章　相続で困らないように「争族」を避ける

第5章　葬儀と埋葬も自分で決める

第1章

エンディングノートは人生のお役立ちノート

1 エンディングノートの役割と活用方法

（1）自分の鼻や背中を見つめる

突然ですが、ご自分の鼻や背中を見ることができますか。

どちらも肉眼では見えなくても、鏡を使えば見ることができますよね。

ご自身にとってのエンディングノートの役割も、まさにこの鏡です。エンディングノートという「鏡」を使えば、鼻という「目先の将来」も、背中という「いままで歩んできた自分の歴史」も見ることができます。

自分にとって「鏡」であるエンディングノートは、家族にとっては「道路地図」です。自分はこんな場所で生きたい、愛する家族にはこんな人生を送ってほしい、そんな案内地図なのです。

そして、エンディングノートに書かれた一つひとつの項目は「道路標識」です。家族が人生で選択に迷ったとき、この角はこの方向に進んでほしい、この標識ではこのことに注意してほしいなどと示すものです。

エンディングノートは、本人と家族のこれからの人生の解説書といってもよいでしょう。

40代から50代の方は、子どもの教育費と親の介護という2つの負担に挟まれるサンドイッチ世代です。数十年後にやってくる終活の前に、自分を見つめながら終活に向けての準備をする必要があります。

（2）役割と活用方法

エンディングノートの役割と活用方法をいくつか挙げてみます。

①自分史として活用する

ライフイベントの事実やエピソード、そのときの想いや学びなど、生い立ちから現在までを時系列にまとめます。いわば自分自身の棚卸しです。

さらに、当時の写真や流行歌、スポーツ記事、一面記事などを盛り込めば、人生の歩みと社会背景がリンクされ、鮮明に蘇ります。過去の自分があるから、いまの自分があることを実感できます。

②抱えている悩みや不安を整理する

自分自身の現状が把握できれば、客観的に課題が明らかになります。

まず、課題に重要度と緊急度で優先順位をつけていきます。これによって、いま何をやるべきなのか、解決の糸口が見えてくるのです。自分がどの立場でどこにいるのかを知ることで、これからどう生きるのかを考えることができます。

③将来を自分自身で準備する

老後資金や相続対策などの経済的な準備ができます。また、医療・介護や葬儀、お墓などに対しての精神的な準備もできます。さらには、趣味や仲間などの生きがいを準備することもできるのです。

④家族とのコミュニケーションツールにする

愛する家族への想いや書いた内容を伝えることで、その想いを共有でき、家族に本当の自分を知ってもらう機会になります。

これから先のことを何度も話し合うことで、家族とともに歩いていくための絆が深まります。また、パートナーと生涯をともにするという幸せな覚悟もできるのです。

⑤自分らしく生き抜き、人生を丸く収める

自分自身と向き合うことで、人や社会に対して感謝と喜びの感情が湧き上がり、自分の

死と向き合うことで、生きることの大切さをかみしめることができます。

また、時間には限りがあることを確認し、時間を大切に考えるようになります。自分の人生は自分のものと決めることで、これからの人生における夢の実現への力となります。

「終活の木」の図（「はじめに」参照）のように、エンディングノートは終活における根っこです。根っこを深く大地に張りめぐらすことができれば、木が丈夫に育ちます。

終活の成功のカギは、「根っこ」となるエンディングノートづくりとその管理にかかっています。そのためには、家族の協力が欠かせません。終活の木を育てていくには、水（自分自身の情報）や肥料（想いや感情）をきちんと与えましょう。

2 何歳からでも始められるエンディングノート

特定非営利活動法人「国境なき医師団日本」が、「終活と遺贈に関する意識調査」を行っています。２０１６年の調査結果によると、10代～60代の各世代とも90％近くの割合で、「エンディングノートの準備は大事だ」と回答しています。

この調査結果が示しているのは、どの世代でも不安や悩みを抱えているということです。

エンディングノートは世代に関係なく、何歳からでも書き始めることができます。

(1) 20代の「スタンディングノート」

20代は、これからの人生をつくるスタートシミュレーションです。

この先の人生も職業人生活も長く、いまから訪れる人生のイベントは計り知れません。それらに必要なお金を把握できると、貯蓄の目標も決めやすくなります。

収入や支出を計画的に知ることによって、お金との向き合い方、考え方が正しくわかります。無駄遣いもなくなることでしょう。

調査結果で驚いたことは、エンディングノートへの関心が10代と50代が一番高かったことです。これは若者が、自分の将来や日本の未来に不安を感じている証拠です。

就職後3年間で退職する人の割合は、大卒者3割・高卒者5割といわれています。「スタンディングノート」を書くことで、若者の離職率が減少すると期待しています。

(2) 30代の「ウエディングノート」

最もふさわしいスタートは、結婚をして家庭を持ち、家族構成が決まったときです。

教育・住宅・老後という人生の3大資金を計画的に準備することができます。夫婦や家族には、さまざまなライフイベントが待ち構えています。

「ウエディングノート」は、これから築く家族の歴史を刻んでいくことで、ご夫婦でつくり上げる大切なものとなるでしょう。

（3）40代の「生活設計ノート」

40代は、仕事人としても家庭人としても、大きな責任を背負う世代です。子どもの成長や人間関係の変化も出てきますが、忙しいからといって、ここで生活設計の見直しを怠ってはいけません。

40代で決めるべきことは決め、ここをどう過ごすかによって、人生の後半が見えてくるのです。「生活設計ノート」を書くことで、さまざまな負担と将来への不安、中年の危機を乗り越えてください。

（4）50代の「セカンドステージ準備ノート」

上司や先輩が定年退職すると、自分の定年後の生き方が気になってきます。

自分のあり方、夫婦のあり方、家族のあり方について、整理できることは整理し、準備できることは準備しましょう。

・老後資金は準備できそうですか？
・健康状態は良好ですか？
・友人はいますか？
・趣味はありますか？

「セカンドステージ準備ノート」を書くことで、第2の人生の準備をしてください。

（5）60代の「人生の2次会ノート」

定年退職後は、環境や生活スタイルが大きく変わります。

これからの、収入と支出の見積もりを再計算してください。それに見合った生活スタイルを組みましょう。

そのうえで、これからが自分の人生を楽しむときです。「人生の2次会ノート」では、カルチャースクールなどのコミュニティへの参加、新しい趣味に挑戦するなど、自分がやりたいことを書き出してみましょう。

（6）70代の「自分史ノート」

このころになると、死後、あるいは自分で意思決定ができなくなったときにどうしてほしいのか、家族に何を伝えたいのかなどを考えるようになります。

悔いが残らないように、思いついたら何度でも書き加えてください。家族への想いもできる限り書きましょう。自分の価値は自分で決めるものです。満足した生き方をして、自分の最期までを決めておきます。そのためにも、「自分史ノート」の最終ページは自分で書きましょう。

基本的に、エンディングノートを書き始めるのは、**人生の節目**においてです。しかし、思い立ったときや気になったときがあれば、それは**「書こう」というサイン**なのです。このサインを見逃さずに書き始めましょう。

皆さんのなかには、エンディングノートという名前に、抵抗や違和感を覚える人が多いと思います。

そこで私は、世代ごとに「○○ノート」と名づけてみました。皆さんも、「○○ノート」と自分に合ったネーミングをすると、楽しく書けることと思います。

③「面倒だから」「死と向き合いたくないから」書けない!?エンディングノート

皆さんの部屋に、買っただけで書かれていないエンディングノートはありますか。あるいは、書店で一度手に取ったエンディングノートを、棚に戻した経験はありますか。書こうと思ったはずなのに、多くの人が書けずにいるかもしれません。その理由を４つ挙げてみましょう。

（1）死と向き合うことに抵抗がある

すべての人間に平等にあるのは、１日24時間と死が訪れることです。死はいつか必ず来ます。それが見えないから、**わからないから怖い**のです。人は見えない恐怖を必要以上に怖がります。巨大地震やテロ事件がそうです。だから、日頃は考えないようにしています。それにもかかわらず、多くの人が地震保険に入ったり、防災グッズや非常食を準備したりしていますよね。いつ来るかわからないから、何の準備もしていないということはありません。

テレビでも、大地震が来るかもしれないという番組が放送されます。地震が来たらどんなことが起こるのか、怖くても知っておきたいからです。

万一のために、残された家族が困らないように生命保険にも加入しているはずです。

このように、私たちは、当然のように準備をしています。それを具体的にわかりやすくノートに書く作業だと思えば、気持ちも楽になります。

死と向き合うことで、「もっと生きたい」「自分らしく生きたい」と感じるものです。

(2) 想いを書く習慣がない

何でもいいから書く習慣をつけましょう。書くことを楽しんでください。

私は19歳になる一人娘に、大切な試験や部活動の試合などの機会に今日まで約50通の手紙を書いています。手紙を書いているときは、娘のことだけを考え、娘の成長を振り返りながら自然に顔がにこやかになってきます。私にとって大切な時間、娘とつながっている時間なのです。

どんなことでもいいのです。短文でもいいので、書くことを楽しみ、家族のことを想いましょう。最初は、書く日を決めるといいかもしれません。文字として書く・見ることで、頭のなかも整理されます。

そして、イベントがあったとき、思いついたときに書き加えてください。メモを持ち歩き、後でノートに写すのもいいでしょう。

エンディングノートは、大切な人に贈る最高の手紙です。笑顔で書きましょう。

（3）専門的知識がないため、どう書いたらよいかわからない

終活や相続のすべてにおいて精通している専門家はいないと思われます。保険、金融、年金、不動産、税金、医療・介護、葬送、それぞれに専門家がいますが、プロでも専門外の知識はよくわからないのです。

皆さんが、すべての項目を完璧に記入できないのは当たり前です。そこでまずは書けるところ、こうしたいと思うことから書きましょう。そして、まだ決定していないことは後回しにして構いません。

書くことによって、見えなかったことや知らなかったことがわかってきます。保険の内容、資産やローンの確認、戸籍による人間関係など、たくさんの情報を知ることができます。日頃は気にしていなかった、自分にとって重要な情報を集める機会になるのです。

まずは書けるところから書く作業をすると、これからの生活設計に必要な情報を知りたくなってきます。

(4) 面倒くさく感じてしまう

皆さんが購入したエンディングノートは分厚くありませんか。

「こんなにたくさん書かなければいけないの!?」と面倒に感じるのも当然です。

最近では薄いエンディングノートが売られています。葬儀社さんなどが配っている簡便なエンディングノートもあります。エンディングノートに特別なルールはありませんので、パソコンのエクセルを使ったオリジナルノートでも構いません。

自分と家族にとって重要な情報や知らせておきたいこと、自分の想いが綴られていればよいのです。

4 自分の情報と思い出、想いの書き残し方

エンディングノートには、自分自身の情報を記録することと、家族のために書き残しておくという役割があります(図1)。

(1) プロフィール

まずは自分のプロフィールから始めましょう。

①ベースは履歴書

・名前
・生年月日
・血液型
・身長
・体重
・住所
・本籍
・学歴、職歴、資格など
・勤務先（名称・所属・住所・電話）
・緊急連絡先

ここで注意するのは本籍です。本籍に移転があった場合は、そのすべてを漏れなく記載してください。後々、書類を揃えるときに役立ちます。

■図１　エンディングノート

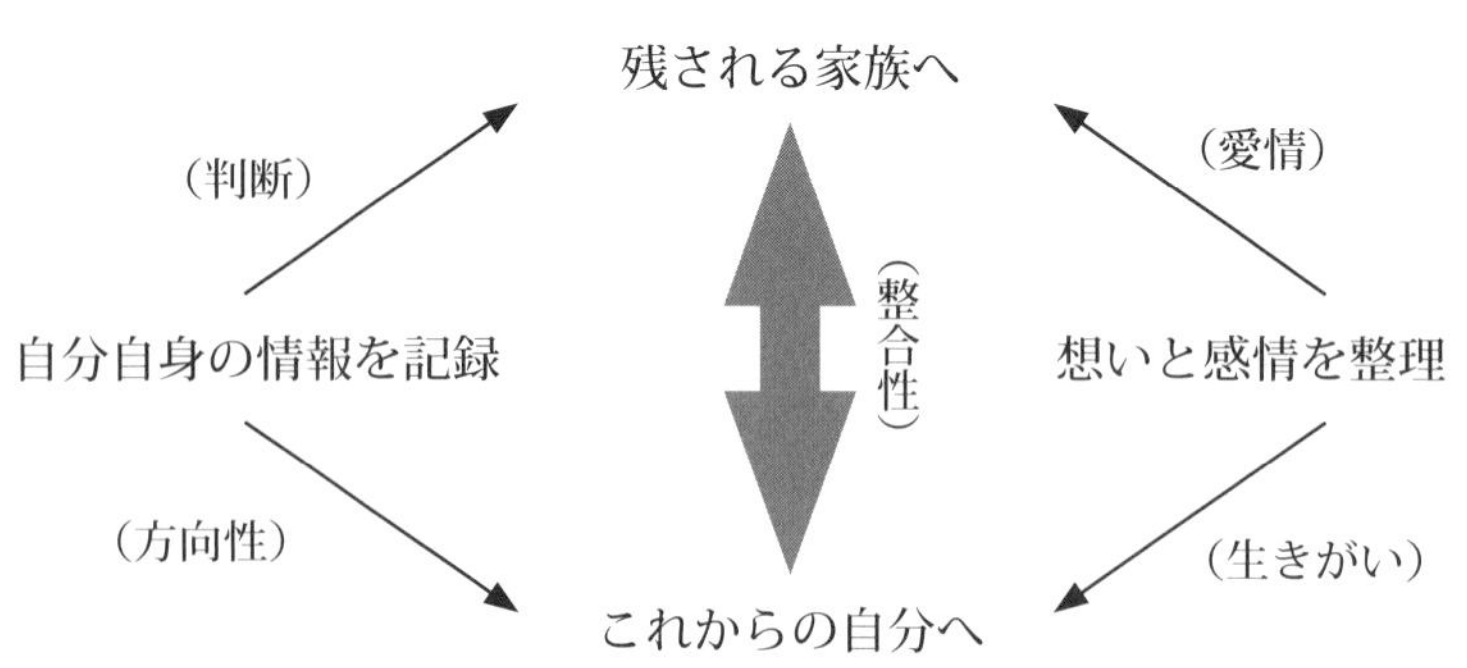

②自分史づくり

履歴書に、そのときどきに感じた想いや、時代的なトピックスを加えれば自分史になります。現在はパソコンを使って、写真や音楽を入れたノートをつくることもできます。

履歴書や自分史のプロフィールは、できる限り生い立ちから書き込んでください。**人生脚本**といった考えがあります。人は幼少期の体験によって書き上げたシナリオに沿って人生をつくっていくという考えです。子どものころの出来事に、いまにつながる原作があるかもしれません。

そのシナリオのなかに、自分にとって好ましくない習慣があれば、それとは反対の好ましい習慣を探して実践してみると、思考や行動を変える機会にすることができます。人生の棚卸しには、思わぬ宝物が隠されているのです。

③3つのリスト

・思い出リスト（感動したこと、印象の強いエピソードなど）＝過去
・好きなことリスト（趣味、映画、音楽、言葉、人、スポーツ、場所、料理など）＝現在
・やりたいことリスト（思いつく限り書いてください）＝将来

④特別な想い

・性格、信念、モットー

・家族

・人脈や仲間

・今後のこと

交友関係、所属団体、連絡先、相談先などは、リストを作成してください。何かあったら誰に連絡する、誰に何を相談する、相手との関係や立場はどうなのかなどを、必要ならば理由もつけて、家族にわかるようにしておきましょう。

（2）その他の情報

①資産・負債＝金融資産、不動産、ローン、年金、保険、その他資産、管理方法、家計など（チェックリストは第2章参照）

②医療・介護＝健康保険、介護、医療費、終末期医療など（チェックリストは第3章参照）

③**相続**＝戸籍謄本、遺言書、その他相続全般など（チェックリストは第4章参照）

④**葬儀・埋葬**＝事前整理、葬儀、お墓、法要など（チェックリストは第5章参照）

5 自分らしく生きるためのノート、大切な家族に宛てたノート

（1）自分らしく生きるためのノート

エンディングノートを書くと、さまざまなことを発見します。最も大きな発見は、「知らなかったこと、考えていなかったことが、これほど多くあったのか！」と、**自分自身をわかっていなかったことに気づくこと**です。

イメージと言語化を繰り返すことで、わからなかったことがわかってきます。また、数字や、いつまでに何をやるべきかもわかってきます。

とりわけ、お金・健康・人間関係という3大不安が整理され、明確になります。

「モヤモヤがスッキリ」

そこに、書くことの価値があります。

いまの不安と将来の心配を少しでも減らすことで、前を向いて生きられるのです。

（2）大切な家族に宛てたノート

①気持ちから

残された家族に苦労を背負わせたくない。いつまでも幸せでいてほしい。遺品整理や財産で、家族に迷惑をかけたくない。家族へ感謝の気持ちを残したい――。

そのようなことを叶えるのがエンディングノートです。

また、自分は最期までこうありたい、最期はこうしてほしいという希望を書くことで、自分も家族も後悔しないで済みます。

②現実的理由から

３回の喪主の経験から、葬儀参列者名簿を見て、本人に生前に会わせておけばよかったと思うことがしばしばありました。また、遺品整理をしていても、初めて知ることがあったり、聞いておけばよかったと後悔したり、対応に困ったことが出てきました。

本人の交友関係、金融などの取引関係、さまざまな登録関係などは、家族でも意外と知らないものです。それらを書き込んでいるノートがあれば本当に助かります。

残された家族は、いつまでも悲しんでばかりいられません。さまざまな判断を必要とする場面に遭遇します。そこでの迷いという負担を、少なくしなければなりません。

また、相続の対策も、自分で準備をすることができれば、「争族」の芽を摘むことにつながります。家族に精神的な負担をかけることも少なくなるはずです。

③予防効果から

エンディングノートは遺言書ではありません。法的効力はないのですが、本人の意思や希望が書いてあります。周囲から批判的なことを言われたとき、「本人が望んだことをしてあげたい」と言えることが心の支えになるのです。

エンディングノートによって、さまざまな手続きをスムーズに行うことができます。また、トラブルなどの問題解決にも対応できるようにします。そのとき、本人も家族もエンディングノートを通して、お互いに「ありがとう」と思えるはずです。


エンディングノートには、家族にしてあげたいこと、家族にしてほしいことをリストにして書いてください。

ここでは、残された家族宛てのノートとしての役割を書きました。家族とともに書く、ともに生きるためのノートの書き方は後ほどお話しします（本章7・8参照）。

6 家族への開示と保管

（1）開示

せっかく書いたエンディングノートも、家族に伝えなければ意味がありません。何も伝わらないどころか、黙ったまま見つかった場合、「何かあったのかしら？」と、戸惑いや心配、悩みや不安のもとになりかねません。

これでは、エンディングノートが台なしになってしまいます。書いた（書いている）ことを家族にしっかりと伝えましょう。

皆さん、お子さんとのコミュニケーションを思い出してください。昔は、性に関する話題や教育がタブー視されていましたが、いまでは性の問題をきちんと教育することで、お子さんを守る時代です。

老いや死の話題も、同じことがいえます。介護・告知・延命治療や葬儀・埋葬について話し合うことで、お互いの考えを理解しておくことが必要です。

心理学に「ジョハリの窓」という言葉がありますが、人間関係によって、自己理解に4

つの窓ができる、という指摘がされています（**表1**）。

人間関係が浅いと、①のオープンな領域が小さく、人間関係が深くなるほど、オープンな領域が広くなるといわれています。

「ジョハリの窓」では、自己開示が重要であると強調されています。自己開示をして他者に自分を知ってもらうことで他者から評価をもらい、新たな自分に気づくのです。

最も重要で身近な人間関係は、家族です。夫婦や親子の間でも「自己開示」は重要なのです。家族だからわかっているのは当然、ではありません。人は、自分のこともよくわからないのです。家族に自分を知ってもらうことで家族から評価をもらい、新たな自分に気づくのです。

自分がエンディングノートを書いたことを、家族に開示してください。家族に認められることで、大きな

■表1　ジョハリの窓

	自分が知っている自分	自分が知らない自分
他者が知っている自分	① 自他にオープンな領域	② 自己盲点の領域
他者が知らない自分	③ 人に隠している領域	④ 未知の領域

自己肯定感を得ることができます。

（2）保管

書き終えたエンディングノートは、正しく保管してください。

エンディングノートには、大切な個人情報が多く書かれています。資産の明細、通帳や重要書類の保管場所など、他人に見られては危ない内容もあります。自己責任のもとで安全な管理が必要です。

かといって、銀行の貸金庫に保管したら、万一のときに取り出すことが大変になります。また、エンディングノートの見直しや上書きが面倒にもなります。

エンディングノートの内容をどこまで詳しく書くかは、その人の考え方によって違ってきます。内容や重要度・機密度によって、保管場所と保管方法を工夫してください。あまりこだわり過ぎて、万一のとき家族が見つけられなくても困ります。机、本棚、仏壇など、紛失しにくく見つけやすい場所が一般的です。そして、重要なものは貸金庫のような安全な場所に保管するなど使い分け、それらがどこに保管してあるのかをエンディングノートに記載しておいてください。

エンディングノートをどこに保管してあるのか、家族に知らせておくことは忘れないでください。場合によっては、妻（夫）だけに知らせておいても構いません。

エンディングノートと一緒に、参考にした資料や思い出のものを保管しておく方法もあります。ノートを書いた根拠にもなり、見直しや上書きのときの参考にもなります。

エンディングノートを書いたことを家族に知らせる、自分なりの工夫をして適切に保管する、保管場所も家族に伝える。この３つを忘れないでください。

7 親子で見る、夫婦で書くエンディングノート

（1）親子で見るエンディングノート

何人かの友人が「自分が大人の男になったと感じたのは、父親を男として意識できるようになってからだ」と話してくれました。友人の話を聞きながら、正直うらやましく思ったものです。

私が10歳のとき、父が他界しました。父が何を思い、何を残したかったのかを知ることはできません。まして、父がどんな男だったかを、当時の子どもの目では思い描くことはできません。父も心残りだったことと思います。

エンディングノートを書いたら、ご自分のお子さんと一緒に見てください。社会人になって家庭を持った皆さんのお子さんが、ノートを見てどう思うでしょうか。

自分の親がこんな生き方をしてきた。こんなことを考えてきた。将来のことを真剣に考えてくれている。自分のことをこれほど愛してくれていた。自分が生まれたときこんなに喜んでくれた。自分の成長を本当に見守っていてくれた——。親の望んでいることを叶えてあげたい、協力してあげたい——。

親から子に残したいこと、伝えたいこと、想いをお子さんと一緒に見てください。お互いに**「ありがとう」という感謝の気持ち**でいっぱいになるはずです。

（2）自分の親に見せるエンディングノート

書いたことを親にも知らせましょう。エンディングノートを書いてみたけど、自分のことが整理されて役に立つよ、という情報もそっと添えてみます。

最も言い出しやすいのは、こんな感じでしょうか。

「いまエンディングノートっていうものを書いているから、自分の子どものときや生まれたころの話を聞きたいんだ……」

これなら、親もわだかまりなく、小さかったときのさまざまな思い出を話してくれるはずです。親との距離を縮めるコミュニケーションツールになります。

「どう、親父も書いてみたら？　自分のことを思い起こせるよ」と言って、さり気なく親にもすすめてみましょう。**親の終活の背中を押すチャンス**です。このとき、自分のエンディングノートに親への感謝の気持ちが書いてあれば押しが強くなります。

親の終活のためにも、エンディングノートは親が元気なうちに書き出してください。

(3) 夫婦で書くエンディングノート

結婚式のスピーチで、こんな言葉を聞いたことはありませんか。

「恋人同士はお互いを見つめ合っていればいいけれど、結婚したら夫婦が同じ方向を見つめなければいけません」

エンディングノートをパートナーに見せることで、**夫婦が同じ方向を見つめる**ことができるきっかけになります。

夫婦がいままで歩んできた道を振り返り、「あのとき夫（妻）はこんなことを感じ、考えていたのか」と知ることができます。また、「あのとき誤解していたんだ、やっぱり本当は優しい人」（書いてみると恥ずかしい）などと、パートナーへの理解が深まります。

読んだほうは「いまはそういう思いで私や家族のことを考えてくれている」という状況

を理解し、「(書いてくれたパートナーに) これから先は、こうあってほしい」「(私たちは) こうなりたい」という将来像を見据えることができます。パートナーの悩みや希望を知ることができるのです。

「いままで2人で家族を支え合いながら、夫婦の歴史を刻んできた。これからは、お互いに何でも話し合いながら、一つひとつ望む場所へ夫婦で歩んでいこう……」

自分が書いたエンディングノートの続きは、ぜひ夫婦で書いてください。一つひとつの事柄を夫婦で同じ方向を見つめながら綴っていきましょう。

8 エンディングノートの見直し・上書き

(1) 定期点検

エンディングノートも「一度書き終えたから大丈夫」と安心せずに、必ず年1回は見直しましょう。車や健康と同様に定期点検が必要です。

私はエンディングノートを、保険会社から保険加入状況表が届くたびに見直します。保険の積立金が変わる、保障内容が変わる、何年後に何が満期になるなど、保険加入状況は1年前と少しずつ変わっています。

同時に、1年間、自分や家族に変わったことはなかったのかを振り返りましょう。毎年エンディングノートを見直すことで、自分と家族の歴史を刻むのです。

私は妻と娘の3人でエンディングノートを一緒に見ながら、1年間を語り合います。すると、一人では書けなかったことが書けるようになります。普段話せなかったことが話せます。人として認め合い感謝し合うことができるので、我が家には熟年離婚なんて言葉は考えられません（と私は信じています）。

私は19歳になる娘に手紙を書いていると先にお話ししましたが、なかでも誕生日に毎年欠かさず書く手紙は、年1度の定期便です。知りうる限りで娘の1年を振り返り、また、彼女の将来を思い描くことで、エンディングノートに書く内容にも思いを馳せます。

エンディングノートは、**「家族のコミュニケーションツール」**としても活用できるのです。

(2) 上書き

年1度、自分と家族のことを考える日として、エンディングノートを見直す日を決めてください。そして、前回見直したときから事情が変わっていることがあったら、削除して上書きしてください。上書きをしないと、**図1**（第1章4）の整合性がとれなくなります。変わっている可能性が高いのは、次の4項目です。

①自分の健康状態

すでにかかっている病気があれば、その進行具合、担当医師の意見、現在抱えている不安を書きます。将来発症するかもしれない病気も認識することで、健康への気遣いも変わっていきます。試してみた健康法の効果なども記録しておくとよいでしょう。

②自分の想いや考え方の変化

ある程度の年齢に達すると、自分より年上の人だけではなく、友人や知人の死にも遭遇します。人の生き死にのたびに、いろいろな想いがよぎり、死生観も変わってきます。

エンディングノートをつけていると、人生を楽しもうという気持ちになるので、新しい趣味や仲間ができることもあります。エンディングノートには、自分の死に対する考えや現在の生きがいを記録していくのです。

③家族の構成や状況

子どもが成長すると、就職・結婚・孫の誕生などで、経済的にも精神的にも生活に変化が出ます。就職で家を出れば、世帯人数は減ります。一方、子どもの結婚によって同居せずとも家族は増えます。さらに、孫が誕生すれば、孫の将来についても想いが広がります。特に小さな命が徐々に成長していく姿を見ると、喜びにあふれ、頑張って元気に生きていこうと感じることでしょう。

エンディングノートは、「終わり」だけを意味しているように見えるかもしれませんが、**未来に向けての大きなスケジュール帳**にもなるのです。

親や配偶者の死を経験したり、介護が始まったりするかもしれません。身近な人の死は最も辛いものですが、体験した諸手続きを記録し、印象も書き込んでおきます。

病気にかかる、介護が始まるという場合には、今後の生活が大きく変わりますので、やはり記録をしておきます。

④資産の内容

子どもが独立すると、金銭的な出入りは大きく変わらないかもしれませんが、次のような場合は資産の内容が大きく変化します。

ア）退職金

多額の一時金が入ります。これは老後の資金として残しておきたいものです。

イ）家のリフォームや住み替え・建て替え

子どもが独立し、将来、家を継ぐ可能性がなければ、夫婦2人だけの老後の生活を考慮したリフォームをすることもあるでしょう。住み替えや建て替えの検討をしていれば、シミュレーションもエンディングノートに書き込みます。田舎や海外への移住を考えているご夫婦もいるかもしれませんね。

ウ）親の財産相続

相続によって親の財産を受け取る場合、財産の内容が重要です。土地であれば、収益性や換金性と維持管理費を考える必要があります。

1年間の収支を振り返り、次の1年の計画を立てます。

年金暮らしになると収入が減り、生活スタイルも変わります。収入が減ることを肝に銘じ、必要のないものは捨ててコストを削減しようという意識が芽生えます。

子どもが独立していれば、大きな保障はいらなくなります。自分に合った保障内容と掛け金になるように保険を見直すのも重要な視点です。

住宅ローンは老後の負担を減らすために、定年までに返済することを検討してください。

エンディングノートに完成はありません。

コラム

～人生ゲームと四則計算～

「人生ゲーム」は、ルーレットを回しながら、人生という車を運転していく、世代を超えたロングセラーゲームです。大人も子どもも山あり谷ありの人生を、ゲームをするたびに簡単にシミュレーション体験できます。

人生をスタートし、就職か進学か決まったり、職業カードだけでなく昇給・転職もあります。結婚、子の誕生、家の購入、紙幣や手形、株や保険もあり決算日もある。実に面白くつくられています。

①病気や事故などで1回休み

人生では何らかの理由で、ときには休まなければならないこともあります。

②災害や他人からの妨害で、ある時点まで戻る

生きていくなかで、うまくいってもそうでなくても、やり直しや繰り返しがあります。転職や再婚もその一例です。人生はときに回りめぐってくるのです。

③ギャンブル、賭けるチャンス！

人生においては、勝負しなければならないときが必ず来ます。逃げるか挑むかは自分次第の場合と、避けては通れない場合とがあります。

④次の分かれ道を、右に行くか左に行くか

「あの場所へ戻ってほしい……」「あのときがそうだったのか⁉」ということが最近のテレビドラマでもよくあります。人生のパラレルワールドで、間違った場合に引き返すか、引き返せない場合は進むしかありません。いつまでも後悔しないで、次の選択のときに教訓にすることが大切なのです。

⑤ゲームの終わりに人生最大の賭けがある

この賭けに負けると、破産して「貧乏農場」行きです。終わりよければすべてよしといいますが、人生の最後にイチかバチかの勝負はしたくありません。

早くからエンディングノートをしっかり書いておけば、①〜④で正しい判断や問題解決ができます。⑤のように賭けで終わる人生にはなりません。

私は、人生は四則計算だと思っています。

家族が増えたり減ったり、貯金や資産が増えたり減ったり……。これは足し算と引き算です。教育費あるいは介護費が1人から2人に、これは掛け算になります。割り算は、相続などのときに使います。計算を間違えないことが重要です。

人生ゲームとまではいかないでしょうが、人生には突然何があるかはわかりません。砂時計の上の砂のように、時を刻みながら動いているのです。

私にはエンディングノートが2冊あります。

1冊は50歳のとき初めて書いたノート、もう1冊は毎年見直し、上書きしている最新のノート。最初の1冊と最新の1冊を一緒に保管することで、自分自身の情報や想いの変化を確認しています。

私のなかでも**人生は動いていますから**、もちろんこれから先も……。

第2章

老後の財布を計算して、いまから準備する

1 統計調査の結果

本章のテーマは老後の財布の問題です。まずは、老後の生活とお金に関する各機関の調査結果を紹介しましょう。

（1）支出に対する調査結果

老後夫婦の生活費はいくら必要になるのでしょうか。**表1**の調査結果によると、27万円前後といえるでしょう。今後の景気や経済と年金支給額を考えると、一般的には22万円に減っていくものと推測されます。

現実的な算出方法としては、定年前の夫婦の生活費をもとにして、そこから不要になると思われる生活費を引いていきます。

そして、現役時代に算入していた教育費・住宅ローン・生命保険料・一部税金などを見直します。後ほど触れますが、

■表1　支出に対する調査（2016年生命保険文化センターの調査より）

夫婦2人の老後の1カ月当たりにおける生活費	
最低限必要かと思われる生活費の平均額	約22万円
ゆとりある老後の生活費の平均額	約35万円
高齢夫婦無職世帯の1カ月当たりにおける支出額*	約27万円

＊総務省統計局2014年の家計調査より

これらの経費はほとんどかからなくなります。
定年後は生活スタイルが変わり、交際費なども減少します。

（2）収入に対する調査結果

会社員夫婦の場合は、最低限の生活費としての年金が支給されます。しかし、今後は年金額の減少や一時的な経費が予測されるため、積み立てなどの自己努力が必要です（**表2**）。

自営業者夫婦の場合は定年がないので、まずは何歳まで働けるか健康に留意しましょう。また、不足金をいくら貯めてきたか、退職金に変わるものは用意しているかといった、働き方や貯め方も考えておくことが大事です。

（3）老後生活の心配

老後の生活を心配する理由（複数回答）の上位5つは次のとおりです。

■表2　収入に対する調査（2016年厚生労働省の統計資料より）

月当たりの年金見込み額*	
会社員夫婦	妻専業主婦で一般的な収入の場合２人分＝約221,504円
自営業者夫婦	国民年金１人分65,008円×２人＝130,016円

＊公的年金が、老後所得の３分の２以上を占めている。

・公的年金や生命保険が十分ではない↓73・9％
・金融資産の蓄えが十分ではない↓69・9％
・現在の生活にゆとりがなく老後の準備がない↓40・9％
・退職金が十分であるとは思えない↓27・2％
・今後の物価上昇への不安↓25・2％

若い世代ほど老後の不安が高いのは（**表3**）、少子高齢化と社会保障の問題が大きく関係していることがわかります。

老後の生活では、年金や貯蓄への心配がともに約7割を占めています。一方で、退職金への不満が3割を切っているのは、終身雇用の時代と違い、はじめから当てにしていないためかもしれません。現在の生活に追われている、将来の物価上昇への不安は、いまの社会情勢を反映しています。

この調査結果を参考にしながら、老後資金について解説していきます。

■表3　「老後が心配と感じている」

（2016年金融広報中央委員会の調査資料より）

20代	30代	40代	50代	60代	70代〜
93.3%	90.6%	91.7%	85.6%	79.7%	74.1%

2 財布の中身の仕訳表

現金と請求書が一緒に入っている、混沌とした財布を使っている人はいませんか。お金が貯まる人＝お金に好かれる人は、財布の中身をきれいに整理しています。皆さんも財布の中身を仕訳して現状を把握しましょう。

（1）家計のバランスシート

仕訳、バランスシート、資産、負債など、すべて簿記用語です。資産は財布のなかの現金で、負債は請求書の形で残っています。

まず、家計の資産と負債の内訳を科目ごとに仕訳します。

表4で、資産科目ごとの合計額を左側に、負債科目ごとの合計は右側に、すべての値を記入し、資産合計額と負債合計額を最後に入れます。

資産で見落としがちなのは、各種保険の積立額、貴金属・美術品・骨董品などを換金した場合の価格、不動産は購入時価格ではなく現時点での売却価格になります。当然ながら、負債は現時点でのローン残高になります。

表を作成したら、「純資産」を次のとおり計算します。

計算式A：純資産額＝資産合計額－負債合計額

（2）家計の現状を把握

年間の収入と支出を書き出し、家計の現状を把握します。

収入は、年収から税金などを差し引いた「可処分所得」といわれる手取り収入を算出します。会社員なら「源泉徴収票」に、自営業者なら「確定申告書」に記載されています（この場合の収入は、事業収入から必要経費を差し引いた所得です）。

支出は、家計簿をつけている人ならそれをもとに記入できますが、つけていない人は大まかな概算額で記入します（実際の額を記入するほうが好

■表4　家計のバランスシート

資産		負債	
現金	万円	住宅ローン	万円
預金（普通・定期）	万円	自動車ローン	万円
貯蓄型保険	万円	カードローン	万円
株式・債権	万円	奨学金	万円
投資信託	万円	その他	万円
不動産	万円		
その他	万円		
資産合計	万円	負債合計	万円

ましいので、家計簿をつける習慣を身につけましょう）。

年間収入は**表5**、年間支出は**表6**のとおりです。

収入と支出の表を作成したら、「年間収支」を次のとおり計算します。

計算式B：年間収支額＝年間手取り収入合計額－年間支出合計額

■表5　年間収入

収入金額			所得税		社会保険料		住民税		年間手取り収入
夫		−		+		+		=	
妻									
夫と妻の年間手取り収入合計額									

■表6　年間支出

支出項目	毎月の支出（a）	一時的な支出（b）	詳　細	年間の支出 （a × 12）＋ b
基本生活費				
住居関連費				
車両費				
教育費				
保険料				
その他の支出				
年間支出総合計				

3 仕訳表から読み取る財布の体力

（1）家計の仕訳「体力測定」

①資産の内訳・負債の内訳

表4では、家計のバランスシートに仕訳しました。財布の中身を分けることで、現金や預金などのすぐに使える資産がいくらあるのか、わかってくるのです。

株式・債権・投資信託などの増やすための資産は損をすることもありますから、損得は予測できません（これをリスクとリターンの予測といいます）。資産を増やすための資産について詳しく知りたい方は、投資やファイナンシャルプランナー関係の本で知識を得てください。

資産の内訳からは、どのような目的や特徴のある資産をどんな割合で持っているのかを知ることができます。それがいまの暮らしに合っているのか、将来の生活設計に合っているのかを確認・検討する材料になります。

負債の内訳では、ローンの種類、現在残高、あと何年で返済が終わるのかを確認・整理することができます。

②皆さんの財布の体力

計算式Aで算出した「純資産額」が、皆さんの財布の体力です。

貯蓄や投資・不動産などの資産が多くあるからといって安心しないでください。それは本当の資産ではありません。

資産からローンなどの負債を差し引いた**「純資産額」が本当の資産**なのです。

この額が少ない人は警戒領域、マイナスの人は危険領域にいます。いまは低金利で心配なくても、将来的な金利はわかりません。そのとき借金に苦しんでは遅いのです。ですから、いまからローンを減らすなどの対策が必要になります。

③定期的な書き直し

家計のバランスシート**（表4）**は、毎年書き直してください。

貯蓄だけではなく、保険積立額や不動産評価も毎年変わります。ローン残高も同様なので、わかる範囲で書き直します。

大事なのは、前年と比較することです。「純資産額」の増減で、資産・負債のどの科目が影響を与えたのかを毎年理解しておきましょう。

（2）家計の動き「健康チェック」

家計のバランスシートが毎年決められた時点での体力測定なら、**表5**の年間収入、**表6**の年間支出は、1年間の家計の動きである健康チェックになります。

計算式Bで算出した**「年間収支額」が1年間に貯蓄できる金額**、すなわち家計の健康状態です。この額がマイナスの場合は支出の見直しが必要です。プラスなのに貯蓄ができていない場合は、使途不明金がある可能性があるので、家計の収支を見直しましょう。

収入は決まっているので、支出の再確認がポイントです。効果的なのが**固定費の見直し**です。具体的には、**表6**の住居関連費、車両費、教育費、保険料などと税金です。住居や車はいまの生活に合っていますか。月払いを年払いにするだけでも年間支払い額が変わりますから、考えられる限りの工夫をしてみましょう。固定費は必ず出ていく支出なので、一度見直し、仕組みづくりをすれば、長期にわたり大きな効果が得られます。

使途不明金の洗い出しには、やはり家計簿をつけることです。気づかなかったお金の使い方が明らかになり、その他の支出も含めて無理・無駄が見えてきます。優先順位をつけて、メリハリのあるお金の使い方をしましょう。

住宅ローンや保険の見直しは、今後どういった生活スタイルを考えているのかで違ってきます。後ほど詳しくお話ししたいと思います（本章4／第3章6参照）。

4 何歳で貯蓄が底をつくのか知る財布の耐用年数表

(1) やりたいことのリストアップ

いまの財布の中身、つまり家計の現状把握ができました。

次は、理想とする暮らし方や、やりたいことのリストアップです。

自宅の買い替えや海外移住といった大きなイベントから、さまざまな趣味に関することまで、これからやってみたいことを思いつくまま書き出してください。何年後に車を買い替えるといったことも入ります。

予算も考えて最初から無理と控えめに考えず、ここでは自分の気持ちに素直になってやりたいことを挙げてみてください。それに対して、インターネットや雑誌などの資料から情報収集をして、一つひとつのイベントの予算を見積もります。皆さんの**夢の値段を想定**しチェックするのです。

人生には夢だけではなく、どうしてもかけなければならない**イベント費**があります。子どもの進学や独立、結婚、孫の誕生や家のリフォーム、親の介護やお墓の購入など、いろいろなことが考えられます。

これらすべてのことを、**表7**のライフイベント表に書き込みます。いつごろ実行したいか、家族のイベント費などは時期がわからないので想定になります。費用も将来の価格は不確実なので概算と捉え、予定も予算も厳密に考え過ぎず、ライフイベント表に記入してください。

実行の時期と体力、予算とやりたい想いなどで優先順位をつけてください。修正も必要になります。その際、削れるものを削ると、本当にやりたいことが見えてくるかもしれません。そして、ライフイベント表を90歳まで、わかる範囲で記入してみましょう。

イベント費や夢の実現のためにやりたいことをリストアップしてみると、いまの財布の中身でどの程度もつか、皆さんの財布の耐用年数を知る材料になります。

■表7　ライフイベント表

年	家族の年齢				ライフイベント	かかるお金
	夫	妻	長男	長女		
2017						
2018						
2019						
2020						
2021						

（2）年間収支額（定年後）の予想

年間収入を表5、年間支出を表6で作成しましたが、定年後の年間収支額を予想して計算しましょう。

定年後の収入（**表8**）は給料から年金中心になり、支出（**表9**）も家族構成や生活スタイルの変化によって変わります。定年前とは別に、定年後の年間収支も予想し、考えていかなければなりません。

予想年金額は、毎年送られてくるねんきん定期便を参考にするのもいいのですが、「ねんきんネット」で検索すると、必要なときに自分の細かい情報を見ることができます。ご自身の「ねんきんネット」への登録方法は、日本年金機構のホームページに案内されていますので、そちらを見て登録してください。

「定年後の年間収支額」は次のとおり計算します。

計算式C：定年後の年間収支額＝定年後の年間収入額－定年後の年間支出額

■表８　定年後の年間収入

	夫（金額）	妻（金額）
公的年金		
企業年金		
個人年金		
その他		
合計		
夫婦合計		

■表９　定年後の年間支出

毎月の支出		年間支出	
基本生活費		保険料	
住居関連費		車の保険料	
車両費		所得税	
娯楽費		住民税	
保険料		固定資産税	
その他の支出		その他の支出	
合計（a）		合計（b）	
年間支出総合計（a × 12）＋ b			

5 財布の耐用年数表の読み取り方

(1) キャッシュフロー表の作成

表10は、ファイナンシャルプランナーの提案書ともいえるキャッシュフロー表です。この表も夫の年齢が90歳になるまで作成してください。ファイナンシャルプランナー関連のホームページからダウンロードしたり、パソコンが得意な人は、自分の操作しやすいキャッシュフローをエクセルで作成したりするとよいでしょう。

いままで作成した**表4～表9**は、実はこのキャッシュフローを作成するための材料でした。家計のバランスシートと年間収支を1年の表にし、ライフイベント表に照らし合わせながら毎年の予想額を記入してください。

最後に、前年の貯蓄残高(ア)に当年の年間収支(イ)を加え、当年の貯蓄残高(ウ)を計算します。

■表 10　キャッシュフロー表

項目＼年	2017	2018	2019	……	2032	2033	……	2057
経過年数	現在	1 年後	2 年後					
夫の年齢	50 歳				65 歳			90 歳
妻の年齢								
子の年齢								
子の年齢								
ライフイベント								
夫の収入								
妻の収入								
一時的収入								
収入合計（A）								
基本生活費								
住居関連費								
車両費								
教育費								
保険料								
その他支出								
一時的支出								
支出合計（B）								
年間収支（A−B）		イ）						
貯蓄残高	ア）	ウ）						

（2）財布の耐用年数表の作成

財布の耐用年数を考えるときの問題点は2つあります。

1つ目は年間収支のマイナス額が大きいときはその原因を確認しましょう。問題なのは**現役時代にマイナスが続く場合**です。収支とライフプランの見直しをしましょう。教育費は、子どもが大学まで公立か私立、理系か文系、自宅通学か仕送りが必要かで大きく違います。

2つ目は**貯蓄残高がマイナスになる年**です。マイナスのままだと、これが財布の耐用年数になります。収支とライフプランの早めの見直しや、働き方なども考え、財布の耐用年数を一生涯まで延ばす対策を講じなければなりません。

表10のキャッシュフロー表から、年齢・収支・残高の部分を取り出し、**表11**をつくってみました。50歳をスタートに85歳になるまで、何歳で貯蓄という財布が底をつくのかがわかる表です。ちなみに**表11**は、標準的な家庭を想定しています。家計が上手に管理されていても、何も対策をしていなければ80歳ごろに貯蓄が底をつきます。しかもこの表では、健康問題を考慮していません。

いまは人生90年以上で考えなければいけません。一般的に妻が年下で長寿と考えれば、夫年齢100歳で設計する必要があるといえます。

■表 11　財布の耐用年数表（金額単位：万円）の一例

夫の年齢	50歳	51歳	52歳	53歳	54歳	55歳	56歳	57歳	58歳
収入合計	700	700	700	700	700	700	700	700	700
支出合計	700	800	800	900	1100	800	800	600	800
年間収支	0	-100	-100	-200	-400	-100	-100	100	-100
貯蓄残高	1000	900	800	600	200	100	0	100	0

夫の年齢	59歳	60歳	61歳	62歳	63歳	64歳	65歳	66歳	67歳
収入合計	700	2500	500	500	500	500	500	300	300
支出合計	600	1600	450	450	600	450	450	500	400
年間収支	100	1100	50	50	-100	50	50	-200	-100
貯蓄残高	100	1200	1250	1300	1400	1450	1500	1300	1200

夫の年齢	68歳	69歳	70歳	71歳	72歳	73歳	74歳	75歳	76歳
収入合計	300	300	300	300	300	300	300	300	300
支出合計	400	400	400	400	600	350	350	350	350
年間収支	-100	-100	-100	-100	-300	-50	-50	-50	-50
貯蓄残高	1100	1000	900	800	500	450	400	350	300

夫の年齢	77歳	78歳	79歳	80歳	81歳	82歳	83歳	84歳	85歳
収入合計	300	300	300	300	300	300	300	300	300
支出合計	350	350	350	350	350	350	350	350	350
年間収支	-50	-50	-50	-50	-50	-50	-50	-50	-50
貯蓄残高	250	200	150	100	50	0	-50	-100	-150

キャッシュフロー表とその材料になった表から、前述のとおりプランの修正をしなければなりません。老後の生活についても見直しが必要です。人生より長い財布の耐用年数にしましょう。

6 夫婦1組での年金算出

（1）受け取る年金の種類

老後、生活収入の中心は年金になるので、ここからは公的年金についてお話しします。男性が昭和36年4月2日以降生まれ、女性が昭和41年4月2日以降生まれから、老齢年金の受け取り年齢は65歳からになります。本書の想定読者層である50歳前後の方について言いますと、現在50歳の方は65歳から年金受け取り開始となります。ただし、その後の制度改正や自分の働き方で変わる場合もあります。したがって、現在における原則的な話として進めていきます。

次の3つのケースでは、受け取れる年金の種類が異なります。

■表 12　夫は会社員、妻は専業主婦

夫 65 歳

夫の老齢基礎年金　⇒

夫の老齢厚生年金　⇒

妻の老齢基礎年金　⇒

妻 65 歳

■表 13　夫妻ともに会社員（または会社員経験あり）

夫 65 歳

夫の老齢基礎年金　⇒

夫の老齢厚生年金　⇒

妻の老齢基礎年金　⇒

妻の老齢厚生年金　⇒

妻 65 歳

■表 14　夫は自営業のみ、妻は専業主婦（会社員経験なし）

夫 65 歳

夫の老齢基礎年金　⇒

妻の老齢基礎年金　⇒

妻 65 歳

①夫は会社員、妻は専業主婦（**表12**）
②夫妻ともに会社員（または会社員経験あり）（**表13**）
③夫は自営業のみ、妻は専業主婦（会社員経験なし）（**表14**）

（2）加給年金

65歳到達時に、厚生年金被保険者期間（厚生年金を納めていた期間）が20年以上あって条件を満たしていれば、22万4000円（2017年4月1日現在）の加給年金が加算されます。

この加給年金は、いわば年金の扶養手当のようなものですから、妻が65歳になり妻本人の年金を受け取るまでの支給になります（妻が昭和41年4月2日前生まれの場合は、加給年金が終わると妻の年金に振替加算がつきました）。加給年金は**表15**のようになります。

このように、加給年金など年金は本来夫婦1組で算出

■表15　加給年金表

夫65歳

夫の老齢基礎年金		⇒
夫の老齢厚生年金		⇒
加給年金		
	妻の老齢基礎年金	⇒
	妻の老齢厚生年金（厚生年金があった場合）	⇒

妻65歳

するものであり、老後の夫婦２人の生活を考えれば当然のことかもしれません。年金の受け取り方や額などは、職業経歴や家族構成によって十人十色です。年金制度そのものが複雑で、数多くの改正を繰り返しています。

自分自身の年金について、詳細または最新情報を知るには、「ねんきんネット」での検索が信頼でき、必要なときに見ることができるので役に立ちます。

7 お一人さまの年金

最近ではお一人さまの老後が増えています。お一人さまの年金には未婚・離婚・死別の３つが考えられます。

死別については「遺族年金はもらえるのか？　いくらなのか？」（本章10参照）でお話しします。

（1）未婚の場合

未婚の場合は男性も女性も同様です。公的年金に関しては、しっかりとした厚生年金に長期間加入していることが必要です。

お一人だと病気や介護、将来の健康や孤独への不安があります。厚生年金のほかにもご自身で個人年金などの積立や、医療保険に加入しておくなどの**自助努力**をしてください。持ち家かどうか、貯金などの大切なものの管理、親戚などとのつきあいやその連絡先、その他も、整理・保管できることは早めにしておきましょう。

未婚の方に限りませんが、老後に考えられる孤独に備えて、友人や趣味を積極的につくりましょう。このことは、男性より女性のほうが得意ではないでしょうか。

(2) 離婚による年金分割

①離婚分割

この制度の導入背景には、特に熟年離婚の場合における夫婦間の不公平をなくすための意図があります。夫が会社員として働き収入を得ている間、妻は専業主婦として家事を行い夫を支えてきました。夫婦2人で力を合わせて、厚生年金保険料を支払ってきたことになります。

この制度は、**離婚時に妻の貢献度を認める**ものであり、厚生年金に限り（国民年金や基金などは含まない）婚姻期間中の年金保険料の納付実績を分割する制度です。

離婚分割には、合意分割と3号分割の2種類あります。混同しやすいので**表16**に整理しました。

②離婚分割で間違いやすい点

・厚生年金保険の婚姻期間中の年金分割
・合意分割と3号分割の違い、離婚日と対象期間、請求手続きと分割割合
・請求期間は離婚日の翌日から2年以内

年金制度は、以前は加給年金など専業主婦向けに思えました。最近では、離婚分割をはじめ、女性の自立に向けたものになっているのかもしれません。

■表16　離婚による年金分割

	合意分割	3号分割
離婚日	平成19年4月1日以降	平成20年4月1日以降
請求手続き等	分割及び分割割合についての夫婦間の合意 又は裁判所による決定	配偶者の申請（同意不要）
分割の対象期間	婚姻期間（平成19年4月1日以前も）	平成20年4月1日以降の婚姻期間のうち3号被保険者であった期間
分割の割合	2分の1が上限	2分の1
請求の期間	離婚日の翌日から2年以内	

8 定年後からの働き方と年金

（1）在職老齢年金

年金を受けながら働く場合に在職老齢年金という制度があります。「給与と年金の両方をもらうと年金が減らされる」といわれているものです。

在職老齢年金を簡単に表すと、次のとおりです。

60代前半の年金停止額＝（給与＋年金月額－28万円）÷2
60代後半以降の年金停止額＝（給与＋年金月額－47万円）÷2

ただし、男性の場合、２０２１年には60代前半の年金はなくなります。女性の場合はその5年後です。また、60代後半以降で給与と年金を足して月47万を超えるのも現実的ではありません。誤解が多いのですが、個人事業主で厚生年金保険に加入していない人は、いくら稼いでも年金は満額もらえます。

以前受けた年金相談者のなかに、定年後に個人事業主になり、収入が多いから年金はもらえるはずがないと、請求せずに65歳になる直前まで放置されていた方がいました。

当時の年金は60歳からの満額支給です。定年後その方の収入は多くても厚生年金には加入していませんでした。早速手続きをしたところ、5年分遡ってもらった年金は1千数百万円でした。

これは私見ですが、在職老齢年金は見直されるか必要なくなるだろうと考えています。

(2) 年金と寿命

少子高齢化と終身雇用の崩壊は、若者のフリーター増加と女性の社会進出、そして高齢者の就業をもたらすことになりました。年金の受け取り開始が65歳になり、老後の不安も高まる中高齢者自身が職を求めています。

現在の国民皆年金制度は、1961年にスタートしました。時代はいまと比べてどうだったでしょうか。

1961年の、男性の平均余命をご存知でしょうか。

なんと65歳です!

現在年金を受け取れる年齢と、年金制度がスタートした当時の寿命が同年齢なのです。

いま2人に1人は、90歳以上生きるといわれています。長寿になったので働く年齢が延びるのも自然の流れではないでしょうか。人は社会から必要とされたいと感じる生き物ですから。

かつて「何歳まで働いたらいいでしょうか？」という年金相談を受けた当時、その理由は次の3つでした。

①まだ働ける

②子どもが独立していない

③あと何年働いたほうが得なのか

このような相談を寄せる人は、期間が足りないか、44年の長期加入者特例を受けたいなどと考えている人です。

現在においては、収入と生活の問題です。何歳まで働かないと老後資金が足りないかもしれない、介護状態になったらどうしようなど、将来への不安もあります。

「年金生活」という言葉は死語になっています。いま一度、キャッシュフロー表という財布の耐用年数を考えてみてください。キャッシュフロー表を検討していくと、何歳まで働くべきかの、答えの一つが出てきます。

場合によっては、妻も働かなければならないかもしれません。いま私が講師を務めている職業訓練校にも、男女を問わず60代の受講生が来ているのが現状です。キャリアコンサルティングという職業相談で、個別事情も含めて彼らのさまざまな悩みを聞いています。

超高齢社会においては、健康でいる限り、職業人生活に定年がない時代になったともいえるでしょう。

9 いまから準備できる老後資金の対策と方法

(1) 老後資金の仕訳

家計のバランスシートで仕訳をしました。老後資金についても、財布の中身を次の4つに分けてみましょう。

・生活資金＝現状で日常的に使う生活費
・準備資金＝教育費や住宅関連資金など、定年までに予定されている大きな資金
・緊急資金＝突然の出費に備える資金
・老後資金＝余ったら回すのではなく、計画的に蓄える資金

(2) 老後の収入

老後の収入は次の3つです。

①公的年金＝国から受け取る収入（本章6参照）

②退職金＝会社から受け取る収入

退職金は、老後資金や緊急資金のために崩さないのがベストです。問題は住宅ローンの残高です。**退職後のローン返済**は経済的にも精神的にも大きな負担になります。

定年時の純資産が多ければ、住宅ローンを完済して老後の負担を減らしましょう。純資産が少なくても定年時にはローン残高も少なくなっています。この場合は、手元に残す資金とローンの一部返済に充てる資金を、ご自身の老後設計に照らし合わせて振り分けてください。

「純資産が多く、ローンを完済しても余裕があった」と安心しきっていても、人生には何が起こるかわかりません。何らかの事情で現金が入り用になった場合、自宅のローンを完済してあれば**「リバースモーゲージ」**を使えます。

リバースモーゲージとは、自宅を担保にしてそこに住みながら融資を受けられる制度です。死亡後は自宅を売却して、その代金で融資の一括返済をします。リバース（逆）の仕組みですので、毎月借りて最後（死後）にまとめて返済します。自由型を選択すれば、資金使途は何でも構わないといえます。

ただし、ア)対象となる住宅に制限がある、イ)推定相続人の同意が必要、ウ)長生き・金利上昇・不動産価格下落のリスクが問題になります。すべてを理解したうえで、リバースモーゲージを、住まいの有効活用や老後資金の手段として利用することができます。

③個人積立＝自分でつくる収入

老後収入は、国や会社だけを当てにしていては足りません。自分で積み立ててつくりだすのです。会社員と自営業者などでは積立の方法も種類も次のように異なります。

・会社員：厚生年金基金・確定給付年金
・自営業者：国民年金基金・小規模企業共済
・中小企業：中小企業退職金共済制度
・誰でも：個人年金保険・確定拠出年金（種類によって対象が違う）

（3）個人型確定拠出年金（ｉＤｅＣｏ）

個人型確定拠出年金（ｉＤｅＣｏ）には、３つの税制優遇があります。

①掛け金は全額所得控除

老後資金の積立なので、長期間にわたり控除の恩恵を受けます。

②運用益は期間中非課税

利益が出るほど非課税はありがたく、しかも長期にわたります。

③受取時の税制優遇

受取には一時金と年金が選択できます。

ア) **一時金は退職金控除**（転職しても加入期間は年数通算なので、控除額が有利な場合もあります）

イ) **年金は公的年金控除**（公的年金控除自体が優遇されています）

ウ) **一時金と年金の併用**（これには簡単なテクニックが要ります）

- 会社勤務年数とｉＤｅＣｏ加入期間の長いほうを退職金控除として使います。
- 退職金控除は大きいので、控除額いっぱいまで退職金＋ｉＤｅＣｏ一時金。
- ｉＤｅＣｏの残金を年金として受け取っていきます。

ほかにも、自動的に分散投資ができるなどの、iDeCoのメリットを最大限に利用してください。

iDeCoは万能ではありません。自分での手続きや運用の自己責任などがあります。特性を理解したうえで、自分に合った活用方法で使いこなしてください。

2018年には積立NISAも登場します。NISAは、積立期間最長20年、商品の種類、投資目的の自由などの特徴があります。iDeCoは、原則60歳までは引き出せない、掛け金控除や受取時の税制優遇など、NISAよりも老後資金積立としては適しています。

10 遺族年金はもらえるのか？　いくらなのか？

（1）遺族年金の種類（会社員）

会社員の遺族年金は、厚生年金に加入している人や厚生年金（1・2級の障害年金も含む）を受けている人が亡くなったとき、その人に生計を維持されていた遺族が受け取れる年金です。

遺族年金は、遺族の家族年金によって受け取る年金が決まります。

①18歳未満の子のいる配偶者または子が受け取る場合

遺族厚生年金＋遺族基礎年金＋子の加算額

＊18歳とは18歳になった3月末まで、子に孫と20歳未満の1・2級障害者も含みます。

子が18歳3月末を過ぎると子の加算がなくなります。

＊配偶者が55歳未満の夫の場合は、遺族基礎年金と子の加算のみ。

②18歳未満の子のいない妻が受け取る場合

ア）夫死亡時に妻40歳以上

遺族厚生年金＋中高齢寡婦加算

＊中高齢寡婦加算は妻が65歳になるまで加算されます。

イ）夫死亡時に妻40歳未満

遺族厚生年金

＊夫死亡時に30歳未満で子のいない妻は、5年間だけの受け取りになります。

③その他の遺族が受け取る場合

遺族厚生年金

④遺族厚生年金の年金額

遺族厚生年金＝（本来受け取る夫の）老齢基礎年金×３／４

＊妻や子が受け取る場合は、加入月数が３００月未満でも３００月として計算します。

⑤妻が65歳になったら

妻が自分自身の老齢厚生年金を受け取る場合は、遺族厚生年金との調整が行われます。

次の２つのうち金額の多いほうで計算されます。

ア）遺族厚生年金

イ）遺族厚生年金の２／３＋老齢厚生年金の１／２

（２）遺族年金の種類（自営業）

自営業者の遺族年金は、厚生年金加入期間なしの人が亡くなった場合、遺族基礎年金からの受け取りになります。

①18歳未満の子のいる配偶者または子が受け取る場合

年金額＝年間77万９３００円（２０１７年４月１日現在）＋子の加算額

②18歳未満の子のいない妻

遺族基礎年金は受け取れず、寡婦年金（妻が60歳から65歳になるまで）か死亡一時金のどちらかの選択になります。

会社員と自営業者では、年金額にこれだけ大きな差があります。まして18歳未満の子がいないと自営業者の場合はもらえません。受け取る遺族の要件が厳しいといえます。

11 年金を未納していた場合

年金期間が「25年から10年」に短縮されたことがポイントになります。

（1）国民年金の未納に関する誤解

国民年金の未納に関する2つの誤解があります。

1つ目は、**年金未納者が多い**という誤解です。

厚生労働省は2017年3月における国民年金保険料の納付率が64・1％であったと発

表しました。これを「年金保険料の未納者が35・9%もいるんだ！」と早合点しないでください。

35・9%の内訳をみると、第3号被保険者といわれる会社員の妻、納付特例の学生や低所得者などの納付免除者が入っています。35・9%からこの人たちを除くと、本来の年金保険料の未納者はさほど多くはありません。

2つ目は、年金保険料未納者がいるから、**国の年金資金が困っている**という誤解です。冷静に考えてみてください。保険料未納で困るのは国ではなく、未納分の年金がもらえない年金保険料未納者自身です。国は未納分の年金を払わなくてよいので、年金資金に影響はありません。

（2）年金加入期間の短縮

平成29年8月1日から、年金を受け取るために**必要な年金加入期間が25年から10年に**短縮されました。

これによって、いままで年金をもらえなかった多くの人がもらえることになったのです。私の受ける年金相談でも、追納や任意加入などで手を尽くしても25年に届かずに悔しい思いをした方が数多くいました。これからは10年ですので、よほどのことがない限り、皆さんが年金をもらえるようになります。

外国では、必要な年金加入期間はどうなっているのでしょうか。アメリカや韓国は10年、ドイツやイタリアは5年、イギリスやオランダにいたっては必要な期間そのものがありません。日本の25年は長すぎたのです。

(3) 年金保険料未納

年金保険料の未納分があると、当然その分の年金はもらえません。一生涯にわたって減額された年金をもらうのです。国民年金は40年納めて満額のため、10年しか年金を納めていない場合、4分の1の年金を一生涯受け取ることになってしまいます。

納付期間が少ない人は追納や任意加入をして、年金額を増やしましょう。特に納付期間が足りない人は、何としてでも10年分納めて期間を満たしましょう。

①未納分の収納

特例によって、過去5年間に納め忘れた年金保険料を納めることができます。5年間が適用されるのは平成30年9月末まで。5年以内に未納がある人は急いで間に合わせましょう(特例期間が終わったら、5年が通常の2年に戻ります)。

②任意追加加入

「60歳から65歳までの5年間」任意加入し年金保険料を納め、受け取る年金額を増やすことができます。

納付期間が10年に満たない人は、最長70歳まで任意加入することで納付期間を10年にすることができます。

③年金保険料未納で障害年金が受け取れない場合

一定の障害状態で要件を満たせば、国民年金保険から1・2級の障害年金が支払われます。この要件に満たない未納があれば、障害年金は受け取ることができません。これが未納のリスクともいえます。

学生であれば、学生納付特例の申請をしましょう。事情があり納められなければ、納付免除の申請をしてください。免除者や猶予者になることによって年金加入者扱いになり、一定の障害状態になったとき、障害年金を受け取ることができます。

要件に当てはまれば、免除や特例の手続きを取っておいてください。

コラム

～50歳前が終活適齢期～

人生90年とすると、50歳は人生の実りの秋です。私は終活を、人生の秋に勝つ「秋勝」と考えています。

50歳は、仕事人としても家庭人としても責任のピークといえます。そして、仕事人としてのゴールも見え始めてきます。家庭人としては、子どもの進路問題が出てきたり、親の介護が現実味を帯びてきたりします。忙しさのど真ん中で、いままで考えていなかった、見えなかったことの実感が湧きます。

そのときこそ人生の棚卸しをして、いままでを振り返り、これからのことを考えるのです。

私自身、40代後半から同窓会が多くなりました。思い出を語り近況を聞き合ったりして、懐かしさと安らぎを求めるのです。50代後半になると、新しいコミュニティに参加もしました。

老後にやって来る孤独が怖いのです。私は、本能的にそれを感じ取り、旧友や新しい友人づくりをしていたのかもしれません。

50歳になると、同窓会でも会話の話題が仕事や家庭ではなく、健康の話題が多くなります。人生90年を快適に生き抜くために、健康的な生活やスポーツなどは習慣にし、遅くとも50歳から始めましょう。いきなりではなく、できるところから徐々に始め、続けることに意味があるのです。

終活は意外と疲れます。身体もそうですが、思い出すためには頭も使います。50歳なら、いろいろなことを思い出せます。親が元気なら、自分の子どものころのことを聞くこともできます。いまだからできる、たくさんのことがあるのです。

子どもが独立すると、夫婦2人の生活になります。定年後は2人の時間が長くなります。パートナーの欠点ばかりが目につき、さらにひどくなると熟年離婚へと進展してしまうかもしれません。50歳前から夫婦2人で何かをする習慣をつけ、会話をたくさんしましょう。

50歳は、ものの量が最も多いときです。このタイミングで、夫婦2人でものを整理します。お金と同じく仕訳が重要です。整理しやすい自分なりの仕訳のことです。

まずは、使わなくなったものから捨てていきましょう。次に、必要ではなくなりそうなものを分けていきます。逆に、何かを買ったら、似たようなものを捨てましょう。もう増やさない決意をすればできます。

整理には捨てる勇気が必要です。夫婦で整理することで、捨てるたびに思い出を語りましょう。2人の歴史を確認しながら、これから先の歴史をつくっていくのです。

50歳前が終活適齢期ということは、40歳になったら準備を始めるべきですが、現実には日々に忙殺され考える時間をとることができないかもしれません。しかし老後資金のことを考えれば、40代前半から準備を始めるべきです。

iDeCoは老後積立には最適ですが、50歳までに開始しないと60歳で受け取ることはできません。定年退職が65歳とすれば、45歳ならあと20年あります。老後資金を計画的に蓄えることができるのです。

チェックシート【資産・負債】

各項目とも複数あれば個別に記入します。

<table>
<tr><th>○</th><th colspan="2">項目</th><th>備考</th></tr>
<tr><td></td><td colspan="2">普通預金</td><td>金融機関名・名義・番号・メイン専用など口座ごとの用途</td></tr>
<tr><td></td><td colspan="2">定期預金</td><td>金融機関名・名義・番号・額面・満期日</td></tr>
<tr><td></td><td colspan="2">株式</td><td>銘柄・名義・番号・購入株数・証券会社名</td></tr>
<tr><td></td><td colspan="2">債権</td><td>種類・名義・番号・額面・期日・取引機関名</td></tr>
<tr><td></td><td colspan="2">投資信託</td><td>銘柄・種類・名義・番号・残高・取引機関名</td></tr>
<tr><td></td><td rowspan="2">不動産</td><td>土地</td><td>用途種類・所在地・地積㎡・共有や他者権利</td></tr>
<tr><td></td><td>建物</td><td>用途種類・所在地・面積㎡・共有や他者権利</td></tr>
<tr><td></td><td rowspan="3">ローン</td><td>住宅</td><td>借入先・金利・期間・残高・期日・担保の有無</td></tr>
<tr><td></td><td>車</td><td>借入先・残高・期日</td></tr>
<tr><td></td><td>カード</td><td>カード名・番号・連絡先</td></tr>
<tr><td></td><td colspan="2">公的年金</td><td>基礎年金番号・加入期間のある年金の種類</td></tr>
<tr><td></td><td colspan="2">私的年金</td><td>名称・種類・会社や機関連絡先・終身か定期（期間）か・保障年金額</td></tr>
<tr><td></td><td colspan="2">保険</td><td>会社名・種類・契約者・被保険者・受取人・満期日・保障内容
証券番号・保険料・更新の有無・積立金残高・担当連絡先</td></tr>
<tr><td></td><td colspan="2">その他資産</td><td>名称・内容・価格</td></tr>
<tr><td></td><td colspan="2">その他負債</td><td>名称・内容・金額・期日・担保の有無</td></tr>
</table>

第3章

健康なうちに医療・介護のことを知っておく

1 長寿と健康寿命が及ぼす影響

日本の社会が抱えている問題を、健康寿命、少子高齢化、人口減少という3つの大きな視点で見ていきます。そのことによって、何が起きるか、個々に何を意識してどう行動すべきかを考えてください。必ずしも正解が見つかるとは限らない大きな課題ですが、将来を見据えて現在と今後起きることを整理することは重要になってきます。

(1) 健康寿命

健康寿命とは、「健康上の問題で日常生活が制限されることなく生活できる期間」と定義されています。要するに、人の手を借りることなく自分で何でもできるまでの年齢ともいえます。

「人生100年時代になる」といわれていますが、現在でも2人に1人は90歳以上まで生きます。長寿社会と呼ばれるなかで、実際には健康寿命は男女とも70代前半です。多くの人が90代前半まで生きると考えると、その差は20年にもなります。

医療が進歩しているこの時代では、**介護状態が20年も続く**可能性も考えられるということです。公的年金の資金を心配するよりも、介護や医療の資金のほうが深刻になっているはずです。

２０２０年代前半、団塊世代が健康寿命を迎えます。２０２０年の東京オリンピック直後にこの問題は現実のものとなるのです。日本の社会保障を考えると、この20年の差にどのような対策を講じるかが課題になります。

介護などは国だけではなく民間が積極的に介入できる環境づくりに取り組むべきと、私は思っています。一方で、病気や介護を予防する健康診断の強化と健康維持の仕組みづくりも重要になると考えています。

（2）少子高齢化

少子高齢化は、人口ピラミッドの構成を大きく変えてきています。２０５０年には、団塊ジュニア世代が後期高齢者になり、その後は人口構成が逆ピラミッドに向かっていきます。地方において進んでいた高齢化が、今後は大都市においても顕著に現れてきます。

少子高齢化は、１９９８年から労働人口が減少に転じたことにより顕在化しました。退職世代との人口バランスが崩れ、現役世代の年金や医療・介護などの社会保障への負担が加速していきます。

このことは、家計の貯蓄力を低下させ、また高齢者においても、貯蓄を切り崩して生活せざるを得なくします。双方からの要因によって、**日本という国の貯蓄減少**が起こります。経済的に余裕がないと、社会全体が暗くなり、個人的にも病気に見舞われることが多くなります。老後貧困と認知症が同時に襲ってくるといった、最悪の事態にもなりかねません。健康なうちは働くなりコミュニティ活動をするなりしましょう。国や社会を当てにせず、自分の課題を早い段階で見つけ、解決に向けた自助努力を行うことです。

(3) 人口減少

人口減少は、労働人口減少だけでなく消費人口も減らします。働く人がいない、ものを買う人がいない――**経済活動が縮小**されていくことで国力の低下が生じます。

日本の人口減少は2008年から始まったといわれています。2015年の出生者数約100万人に対して死亡者数約129万人、これだけでも年間約29万人が自然減少していることがわかります。団塊世代のピークが270万人、団塊ジュニア世代のピークが210万人の出生者数です。このことから、人口減少のスピードは今後急速に進むと推測できます。

自分たちの子や孫の話になるかもしれませんが、次の世代に負の材料が残されていきます。出生率を上げるためには、若年層が経済的に困らない、子育てがしやすい支援が必要になります。国の政策だけでなく、自分たちが応援できるコミュニティや社会風土をつくることも大切になります。

人口が少なくなれば、どうしても一人ひとりの役割が大きくなります。そのようにきちんと捉えて、社会に貢献していきましょう。

健康寿命に対しては健康管理と予防、少子高齢化に対しては個々の課題解決への自助努力、人口減少に対しては協力した環境づくり――。このようなことも、私たちが行うことのできる**社会的な終活**といえるでしょう。

2 日本の社会保障制度の４本柱と４つの特徴

社会保障と聞くと、年金や医療・介護のイメージが浮かぶと思いますが、実は幅広い保障があるのです。日本の社会保障制度について細かくは書ききれないので、ポイントを整理していきます。

（1）社会保障の4つの柱

①公衆衛生

公衆衛生は、戦前・戦後の時代には結核予防と栄養改善のことを指しました。いま公衆衛生といえば、主に**集団食中毒**の予防と対策のことを意味します。届け出先は保健所です。

②社会福祉

原則、問い合わせ先で申請し、各種条件があります。

ア）高齢者福祉

各種検診の割引、人間ドック・脳ドック費用助成、健康相談（原則無料）、予防接種の費用負担、介護保険の利用者負担・保険料の減免措置など

イ）障害者福祉

心身障害者医療助成各種手当、自立支援医療制度（利用者負担1割）

＊2005年「障害者自立支援法」が成立しました。精神障害者も対象として、障害者福祉サービス体系の再編・一元化を図っています。

ウ）母子・寡婦福祉

エ）児童福祉、児童手当（中学校修了前）、児童扶養手当（18歳の年度末まで）

③生活扶助（8種類）

医療扶助、生活扶助、教育扶助、住宅扶助、介護扶助、出産扶助、生業扶助、埋葬扶助。

生活福祉資金貸付もありますが、生活扶助の制度の柱は**生活保護**になります。

憲法第25条の「健康で文化的な最低限度の生活を営む権利」の保障を生活保護の大原理として、次の原則があります。

ア）無差別平等

国民が生活に困窮した場合、保護を受けることが法律上の権利として保障されています。

イ）補足性

生活困窮者は、まず自身の資産や能力を活用し、そのうえで生活保護制度が「足りないところを補う」ものとします。

考慮項目：資産能力などの活用、扶養義務の優先、他の法律による扶助の優先、急迫した事由がある場合の保護

＊借金があっても生活保護は受けられますが、自己破産を進められるケースもあります。

また、生活保護を借金返済に充てることはできません。

ウ）申請保護

すべての国民に保護を申請する権利を保障しています。自ら申請できない急迫した状況にあるときは、職権による保護を行うことができます。

エ）世帯単位

保護は、世帯を単位としてその要否および程度を定めるものとされています。ただし、これによりがたいときは、個人を単位として定めることができます。

生活保護費の支給だけではなく、原則として、医療費の免除、各種税金や保険料の免除、NHK受信料の免除などの優遇措置があります。

④社会保険

社会保険とは、公的年金、医療保険、労働者災害補償保険、雇用保険で、一般的に社会保障としてイメージされているものです。

これら4つの柱に、老人保険も含めて5つの柱ということがあります。

（2）日本の社会保障の４つの特徴

①拠出制と無拠出制の２つ

年金と医療・介護は負担がありますが、他は原則として負担がありません。

②原則、請求主義

社会保障制度の落とし穴です。**知らないと使えません！**幅広い保障があっても教えてくれません。「自分に関係があるのかも」「使えるかも」と思ったら、自分で調べるしかないのです。

③原則、国民全員加入

④市区町村で制度内容に違いがある

一般的に大都市のほうが有利な傾向にあります。地方自治体によって違うので、それぞれのホームページや広報を見るなどして調べましょう。自分に該当しそうなら、問い合わせをして役所で確認してください。

3 年金制度の仕組み

年金制度では、ポイントになる年月が2つあります。仕組みなどとあわせてここでご紹介しましょう。

(1) ポイントとなる年月

①昭和36年4月

これ以前にも個別に年金はありましたが、現制度の国民皆年金がスタートした年です。ただし、まだ任意加入でした。

この昭和36年4月以降生まれ(男性)の人から、年金の受け取り開始が65歳になります。

②昭和61年4月

基礎年金が創設されて強制加入となり、「第○号被保険者」や「2階・3階建て年金」という言葉も出てきました(1階基礎=国民年金、2階=厚生年金、3階=企業年金)。

（2）被保険者

①第1号被保険者

第2号でも第3号でもない者、主に自営業者などです。保険料は、本人が全額を負担します。

②第2号被保険者

会社員や公務員で、保険料は事業主と折半で負担します。

③第3号被保険者

会社員や公務員に扶養されている配偶者で、保険料は簡単にいえば国が負担しています。

（3）付加年金（国民年金独自の制度）

付加保険料は月額400円で、年金額は200円×付加保険料納付済期間です。

付加年金を10年（120月）支払った場合

納付額400円×120月＝4万8000円

年金額200円×120月＝2万4000円（年間）

２年以上受け取れば元が取れ、それ以降の受け取りは全額儲けになります。金額としては少ないですが、とてもお得なので国民年金の人は付加年金をかけましょう。

（4）年金給付

①老齢年金

老後に受け取る年金です。

②遺族年金

亡くなったとき、要件を満たした遺族が受け取る年金です。

③障害年金

一定の障害状態になったとき、受け取る年金です。老齢年金と遺族年金には触れていますので、ここでは障害年金の仕組みをお話しします。

ア）障害年金の受給要件

障害の原因となった病気・ケガの初診日から1年6カ月経過した日に、一定の障害状態にある場合に受けられます（保険料納付要件も満たしていること）。

イ）年金額と1〜3級障害

1・2級障害は、障害厚生年金と障害基礎年金の両方から受け取ることができます。また、65歳未満の配偶者がいれば加給年金、18歳未満の子がいれば加算額がプラスされます。

2級の障害厚生年金は受け取るはずだった年金額、障害基礎年金は老齢年金の満額を受け取れます。また、1級は障害厚生年金も障害基礎年金も2級の1・25倍の年金額を受け取れます。

3級は障害厚生年金だけで、障害基礎年金はありません。年金額は受け取るはずだった年金額、加給年金や子の加算もありません。

2級と3級とでは、受け取る年金額に3倍ぐらいの大きな差がつきます。

ウ）精神障害の場合

精神障害の場合、はじめから心療内科に行く人は少ないはずです。自覚症状があっても病院になかなか行きません。初診日が遅くなる分、年金額が少なく計算されます。

しかも、目に見えない症状であるため、障害年金を請求しようとすること自体が症状も軽くなった状態だと思われ、2級はもちろん、3級の認定も受けにくくなっています。

私自身の体験から、ファイナンシャルプランナーの年金アドバイザーとして、障害年金請求者の相談を受け、社会保険労務士につなぐこともしてきました。「うつ病」という社会問題と障害認定の現状を考えると矛盾を感じてしまいます。

老後の資金を確保するだけが、年金制度の目的ではありません。年金保険という名称からわかるように、原則、20歳加入・60歳払込終了・65歳保障満了（遺族年金は要件を満たせば一生涯）という仕組みは、保険としての目的も持っているのです。

4 健康保険組合によって異なる高額療養費

日本の公的医療保険制度では、自己負担3割や入院中の食事療養標準負担額などの保障があります。後期高齢者医療制度では、自己負担1割などの優遇措置があります。そのなかでも、高額療養費制度は重要です。

(1) 高額療養費制度

高額療養費制度は、多額の医療費がかかった場合に、一部を払い戻してくれる制度です。病院や薬局の窓口で支払った1カ月の医療費（保険診療のみ）が上限額を超えた場合に、超過分が申請によって戻ってきます。

①自己負担額の上限額

自己負担額の上限額は収入によって異なります。70歳未満で年収370万〜770万の場合の計算式を例にしてみます。

8万100円＋（医療費−26万7000円）×1％＝自己負担上限額

この計算式に当てはめると、医療費100万円のケースでは自己負担額は8万7430円です。

また、次のことが重要です。

・70歳以上の場合は、計算方法が違う。

・限度額適用認定証を申請すれば、後からの還付でなく最初から上限額で支払いできる。

②さらなる負担軽減の枠組み

ア）世帯合算制度

同じ健康保険に属している家族が、それぞれ1カ所の窓口で2万1000円以上支払った場合に、その家族分の医療費を合算できる（入院と通院も合算可能）。

ちなみに、上限額は1カ月ごとの計算なので、月初の入院の場合、1カ月の医療費が高くなると戻りが多く、お得になります。

イ）多数回該当

自己申請によって、直前12カ月に3回以上高額療養費が支給されている場合は、4回目から自己負担上限額が下がります。

（2）大企業の有利点

一般的に、大企業の組合保険のほうが有利です。

①高額療養費

所得に関係なく、上限額が2万円や2万5000円のところもあります。

②傷病手当金

一般的には日給の3分の2で最長1年6カ月ですが、日給の85％や80％で最長3年のところもあります。

③出産育児一時金

10万円の上乗せ、組合によっては平均月収の半額程度を上乗せするところもあります。

④保険料

比較的、安い傾向にあります。

該当する大企業の組合保険は、こんなにも有利になっています。大企業なので、保険加入者も多く、財源が豊富なのかもしれません。

大企業に限らず、その会社が大きな組合保険に加入しているかはわかりません。**保険証で、どんな健康保険に加入しているのかを確認**してください。

社会保障には、落とし穴もあれば宝物もあります。どちらも見逃してはいけません。

5 退職後の健康保険とその他の確認リスト

（1）退職後の健康保険

①健康保険の選択

退職すると、現在加入している健康保険被保険者証は使えなくなるので返却します。その後、再就職する場合は再就職先の健康保険に加入しますが、再就職しない場合は、次の3つのいずれかを選択することになります。

ア）任意継続被保険者になる

いままで加入していた健康保険に2年間継続して加入することができる制度です。退職日までに継続して2カ月以上加入していたこと、退職から20日以内に手続きをすることが必要条件です（任意継続は2という数字がポイントと覚えましょう）。在職中の保険料は会社と折半でしたが、任意継続の場合は全額自己負担です。2年後には、次のイ）かウ）を選択することになります。

イ）国民健康保険の被保険者になる

保険料は、市区町村によって違いますが、前年の所得をもとに計算されます。

ウ）健康保険に加入する家族の被扶養者になる

3親等内で、主として扶養者によって生計維持されているなどの条件があります。

②任意継続と国民健康保険ではどちらが有利か

国民健康保険は、前年、つまり在職中の所得をもとに計算しますので一般的に高くなります。しかし、退職前年は給与が低かったり雇用形態が違っていたりしますので、正確な保険料を確認してください。

任意継続なら会社の総務か保険組合で、国民健康保険なら市区町村で確認ができます。20日という期限がありますので、退職前から確認するようにしてください。

保険料が同じくらいなら、健康保険組合には独自の付加給付がありますので、任意継続を選択するのがよいと思います。

(2)雇用保険

基本手当(失業保険の給付金)の手続きの流れは次のとおりです。

①退職時

会社から「離職票」「雇用保険被保険者証」を受け取ります。

②求職の手続き

住居地を管轄するハローワークに求職の申し込みを行い、「離職票」「雇用保険被保険者証」を提出して受給資格者であることの確認を受けます。7日間の待機期間があります。

③失業の認定

原則として、4週間に1度ハローワークで失業の認定を受けます。

④給付

失業の認定が行われた日数分の基本手当が、金融機関の指定口座に振り込まれます。

（3）退職と同時に再就職しない場合の年金

60歳前の場合には、国民年金への加入が必要になります。妻が60歳未満の場合は、妻も国民年金に加入しなければなりません。その際、次のことに留意してください。

・基本手当と公的年金の受け取りは、どちらかの選択になります。

・職業訓練校を活用しましょう。再就職への資格取得やスキルアップになります。原則、教材費以外は無料で、手当が出る場合もあります。

・**退職の3年前から、毎年人間ドックに行きましょう。**厚生年金加入中に、障害年金に該当する初診日があるかもしれません。高額療養費が有利な組合保険なら、入院などの必要な大きな病気は現役のうちに治療してください。

6 自分に合った生命保険のチェックポイント

(1) 自分に合った保険とは

保険は必要不可欠なものです。いつ来るかわからない将来のリスクに備えることができるため、本当に困ったときに助けてくれるからです。

なぜいま加入している保険に不満があるのでしょうか。言われるままに加入して、言われるままに乗り換えていたのではないでしょうか――。保険のことをよく理解していないなら、不満が出てきてそのままになってしまうのも当然だと思います。

よい保険とは、自分の目的に合った、自分や家族にとって必要な保険です。自分の考え、健康への不安や家族構成などといった変化によって、目的も変わってきます。大切なのは自分の目的を明確にすることです。

自動車を買い替えるときも、ライフスタイルの変化に合わせた買い替えをしてきたはずです。保険も同じく、**ライフスタイルに合わせた見直し**が必要なのです。

子どもが独立すると通常は、残された家族のための高額な死亡保障は要らなくなります。1人当たりの医療費は、65歳以上の人は65歳未満の人の4倍になります、入院が増えるからです。

ならば、死亡保障をなくして医療保障に……。でも、ちょっと待ってください。その前に確認しておきましょう。

国の年金や保険制度は、国民皆年金と国民皆保険です。これを自動車に例えるなら、強制加入の自賠責保険です。医療の強制加入として、障害年金、自己負担3割（75歳以上1割）、高額療養費などはすでに付いていますが、次のことに注意しなければなりません。

- 先進医療などの保険外治療は付いていない。
- 入院しても高額療養費があるからと安心できない。
- 差額ベッド代がかかる。
- がんなどの長期入院に対しては特に注意が必要。

・入院中は家計の出費が多くなる（特に主婦が入院した場合）。

国の保険制度と現在加入している保険の内容に、いまの自分や家族の状態を考え合わせ、**ヌケやダブリがないか**を探していきます。

大きなライフイベントを迎えたときが、保険見直しのタイミングです。

（2）見直しのチェックポイント

保険見直しの際のポイントは次のとおりです。

①現在の自分の状況を確認することから始めましょう。

収入、財産状況、ローン残高、健康状態、社会的立場、家族構成など、気づいたことを書き出します。

②将来予想される、自分や家族にかかわるイベントを考えます。

退職金、教育費、医療費、親の介護、住宅のリフォームなど具体的に考えます。また、現在の自分の状況が、どう変わっていくのかも想定します。

③いま必要な保障と、これから必要となる保障を考えます。

何歳までは○○保障、何歳からは○○保障、というように具体的に考えましょう。そして、保障の優先順位を決めます。

④保険や保障のことを知りましょう。

いま加入の保険がどんな保障内容で、保障と掛け金がこの先どう変わるのか。そのうえに、①~③を重ねて考えてみましょう。その結果、何を残して、何を捨てて、何を変えるのかを決め、残すものは残しましょう。

⑤①~④を通して、どこを見直すのかが見えてきます。

その後、自分に合っている保険(保障)を選びます。**自分の見直しプランを明確にする**ことが大切です。

思いきって別の保険に乗り換える前に、いまある保険を生かして保障や掛け金を増減するのか、保障をスリムにした後、そこに不足している保険に加入することができるのかを検討しましょう。

保険を複雑に考え過ぎず、シンプルに考えましょう。難しいと思ったときは、中立的な専門家のアドバイスを受けるのもよいでしょう。ここでも自分のプランが明確であれば、新しいヒントを得ることができ、プランの修正も可能です。

見直し前に、健康状態の確認をしましょう。加入中の保険を解約した後に、健康上の理由で新しい保険に加入できなくなれば大変なことなので要注意です。また、保障がない期間をつくらないことも大切です。

7 要介護認定

介護保険の被保険者にも第1号と第2号があり、認定を受けるための要件が違います。第1号被保険者は65歳以上の人、第2号被保険者は40歳以上65歳未満の人です。

第2号被保険者については、末期がんや初老期認知症など、特定の病気によって介護が必要になった場合のみ対象となるので注意しましょう。

（1）申請から認定までの流れ

①市区町村への申請

申請手続きは、家族やケアマネジャーなどが代行することができます。

②審査

・市区町村による訪問調査と主治医の意見書
・1次判定：コンピューター判定
・2次判定：介護認定審査会
＊訪問調査の際に本人は「できる」と言い、悪い状態を認めたくない傾向があります。主治医の意見書が重要になるケースもありますが、入院中の場合は病院スタッフが状態を説明してくれるので認定審査が通りやすくなります。

③要介護・要支援認定

・要支援1～2は予防給付：介護予防サービス、地域密着型介護予防サービス
・要介護1～5は介護給付：居設サービス、施設サービス、地域密着型サービス
＊要支援1が最も軽く、要介護5が最も重い状態。

＊非該当と認定された場合でも、地域包括支援センターによる要介護・要支援状態の予防・軽減・悪化防止のためのサービスを受けることができます。

（2）更新手続き

介護認定には有効期限があります。原則、新規申請の場合は6カ月、更新申請の場合は12カ月です。有効期限終了の60日前から更新手続きができますので、忘れないように注意してください。

（3）要支援・要介護状態区分の目安

・要支援1

要介護状態とは認められないが、社会的支援を必要とする状態。日常生活の能力は基本的にあります。入浴や掃除など、日常生活の一部において見守りや手助けが必要な場合があります。

・要支援2

生活の一部について部分的に介護を必要とする状態。立ち上がりや歩行が不安定で、介護予防が必要と思われます。

・**要介護1**

排せつ、入浴など生活の一部について部分的に介護を必要とする状態。立ち上がりや歩行が不安定です。

・**要介護2**

軽度の介護を必要とする状態。起き上がりが自力では困難で、食事や排せつに何らかの介助を必要とすることがあります。衣服の着脱は何とかできます。もの忘れや直前の行動の理解の一部に低下が見られることがあります。

・**要介護3**

中等度の介護を必要とする状態。食事や排せつには一部介助が必要で、入浴や衣服の着脱などに全面的な介助が必要です。いくつかの問題行動や理解の低下が見られることがあります。

・要介護4

重度の介護を必要とする状態。食事にときどき介助が必要で、排せつ、入浴、衣服の着脱に全面的な介助が必要です。多くの問題行動や全般的な理解の低下が見られることがあります。

・要介護5

最重度の介護を必要とする状態。食事や排せつが一人ではできないほど、日常生活を遂行する能力が著しく低下しています。意思の伝達がほとんどできない場合が多いです。

介護保険法は細かい改正が頻繁に行われています。制度そのものが変わる可能性や、自己負担割合が引き上げられる可能性などがあり、将来必要な介護費用を予測するのが非常に難しいと考えられています。

8 介護サービスの上手な使い方

（1）ケアプランの作成

介護保険サービスを利用するには、ケアプラン（介護サービス計画）を事前につくっておく必要があります。ケアマネジャーが、介護認定度によって設定されている支給限度額の範囲内で設定します。

支給限度額を超えた部分は、全額自己負担になります。一方、ケアプランの作成費用は全額が介護保険から支給され、自己負担はありません。

私も、一人暮らしの叔父の介護申請をし、ケアマネジャーにプランの作成をしていただきました。いま思えば、私たちのようなファイナンシャルプランナーが、何らかの形でケアマネジャーと協力してケアプランを作成する仕組みをつくれば、介護にまつわるミスマッチは減少するかもしれません。それによって、人生の最期まで生きがいを実現できる、意味のあるケアプランの作成とサービスの利用ができるのではないかと考えます。

表1のように、介護区分によって居宅サービスの月額支給限度額があります。

（2）利用サービスの種類

①主な居宅サービス

ア）自宅で利用できるサービス

訪問介護、訪問看護、訪問入浴介護

イ）介護施設を利用するサービス

通所介護（デイサービス）、通所リハビリテーション（デイケア）、短期入所生活介護（ショートステイ）、短期入所療養介護（医療型ショートステイ）

②施設サービス

ア）特別養護老人ホーム

原則として要介護３以上を対象に、日常生活全般の介護や機能訓練、健康管理などを行います。

■表１　居宅サービスの月額支給限度額

介護区分	限度額
要支援1	50,030円
要支援2	104,730円
要介護1	166,920円
要介護2	196,160円
要介護3	269,310円
要介護4	308,060円
要介護5	360,650円

※利用者の自己負担は、原則として限度額の１割になります。
※介護保険においても（公的介護保険の範囲に限る）、１カ月の自己負担上限額があり、超えた分が高額介護サービス費として払い戻されます。
※食費・居住費・日常生活費に、介護保険は使えません。

イ）介護老人保健施設

症状が安定している人を対象に、家庭復帰を目指しリハビリテーションを中心とした医療ケアと介護を行います。原則、最長3カ月程度の短期入所を前提とします。

ウ）介護療養型医療施設（平成30年3月31日をもって廃止予定）

比較的長期にわたり療養を必要とする人を対象に、医療管理や介護を行います。

③住宅改修サービス（住宅改修・福祉用具購入の利用限度額）

ア）住宅改修

原則1回に限り20万円（例：バリアフリーなど）

イ）福祉用具購入

同一年度（4月～翌年3月）10万円（例：ポータブルトイレなど）

（3）老老介護

介護の現場では老老介護や介護職員の確保難が大きな問題となっています。

地域包括支援センターは、公的な「高齢者福祉の総合相談窓口」です。介護保険に限らず、その他の福祉サービスや日常生活の困りごとなど、幅広い相談に応じてくれます。

社会福祉士、保健師、ケアマネジャーが配置され、要介護の申請、必要に適した介護支援事務所の紹介、介護予防サービスのメニュー提供などをしてくれます。老老介護を行う世帯にも、積極的に活用してほしいセンターです。

9 「がんになった」「親の介護」でも退職しない選択

(1) がんになったら

自分ががんだと知ると2つの不安が襲ってきます。命や身体に対するさまざまな不安と、現役世代ならば生活維持についての不安です。

私は、職業訓練校でキャリアコンサルティング(個別再就職相談)をしています。大病をした多くの人が、身体の不安や仕事を継続する自信を失い退職します。その後に回復したからといって、再就職への道は容易ではありません。

退職を決める前に、がん治療をしながら仕事を続けたいのか、休職したいのか、治療後に再就職したいのか決めてみましょう。種類・場所・進行によって違いますが、がんはいまでは決して治らない病気ではありません。

①がん相談支援センターの利用

がん専門の相談員が常駐している「がん相談支援センター」で、まずは相談してみましょう。精神的な不安、医療費や家族に対する不安、仕事の問題など、さまざまな相談に対応してくれます。

②就業規則の確認・復職

会社の就業規則などに「休職制度」に関する定めがあると思います。仕事を辞めることなく一定期間休職しその後復職する、という希望があれば、就業規則などで確認して会社の担当者（一般的に人事課）に問い合わせましょう。「がん相談支援センター」での相談内容などをもとに、会社側と休職や復職の見込みなどを、誠意をもって話し合ってみてください。

復職にあたっては、治療内容からくる副作用が就労に及ぼす影響などを整理し、復帰後の就労内容・職務遂行能力の程度を中心に、復職への交渉を行っていきます。また、就業時間だけではなく、通勤や休憩への配慮についても相談してください。自分が働き続けられる環境をつくるように、粘り強く状況を説明して理解を得るように交渉を進めていきましょう。

③傷病手当金

復職できなかったら、傷病手当金の手続きをしてください。

会社で定められた休職期間を消化したなら、その後の病気療養休暇は傷病手当金の対象になるのが一般的です。傷病手当金は、原則として給与の3分の2を1年6カ月受けることができます。

繰り返しになりますが、がんと告知されても会社をすぐ辞めるのではなく、「がん相談支援センター」で相談し就業規則を確認するなど、働くことを前提として考えてください。

④生命保険の加入・解約

がんになると、長期入院や入退院を繰り返すことが多くなります。心配な人は、健康なうちにがん保険に加入するのもよいでしょう。入院時の差額ベッド代や、日用雑貨・交通費など日常生活費が予想外にかかります。このような経費は全額自己負担ですから、がん保険に加入していれば経済的な心配が解消され、治療に専念することができます。

がんの治療で、その他の生命保険支払いが厳しいからといって、すぐに解約をしないでください。保険会社も保険の解約は望まないので、保険会社に事情を説明すれば、減額・

払済・延長などの提案をしてきます。それらを検討してから答えを出しましょう。

また、がんなどの大きな病気にかかったことで、家族全員の保険見直しのきっかけにもなり、家族が同じ方向に目を向けることになります。

（2）親の介護

晩婚化によって、独身の子どもが親を介護するケースも増えてきました。自分しか親を看ることができないといって、いまの仕事を諦めないでください。会社に事情を説明して、介護をしながら仕事を続けられないか相談してみてください。介護休業を使う方法もあります。

また、再就職しようとしたときに、親の介護状態が変わっていることもあります。介護のための離職も慎重に考えましょう。

10 介護などの各種施設

（1）高齢者のための住宅・施設

表2に高齢者のための各種住宅・施設の特徴を掲げましたので参考にしてください。

■表２　高齢者のための各種住宅・施設（東京都福祉保健局ＨＰ「あんしんなっとく高齢者向け住宅の選び方」より抜粋）

	名称	概要	月額費用
住宅系	サービス付き高齢者向け住宅 ※敷金が必要	安否確認や生活相談等、高齢者の安心を支えるサービスを提供するバリアフリー構造の住宅。介護保険サービスは外部またはスタッフにより提供される。	約５万～25万円
住宅系	シルバーピア （シルバーハウジング）	緊急時対応等のサービスがあり、収入に応じた家賃が適用されるバリアフリー構造の公的賃貸住宅。外部のサービスを利用。	約１万～13万円
施設系	軽費老人ホーム （ケアハウス） ※入居時の一時金あり	本人の収入に応じて低額な費用で基本的な生活支援サービスを受けながら、自立した生活を送ることができる住まい。介護保険サービスは外部またはスタッフにより提供される。	約７万～15万円
施設系	介護付有料老人ホーム ※入居時の一時金あり	介護保険法に基づき特定施設入居者生活介護の指定を受けた有料老人ホーム。施設スタッフによりサービス提供。	約10万～13万円
施設系	住宅型有料老人ホーム ※入居時の一時金あり	食事等の生活支援サービスが付いた有料老人ホーム。介護は別契約で外部の介護サービスを利用する。	
施設系	健康型有料老人ホーム ※入居時の一時金あり	食事等の生活支援サービスが付いた有料老人ホーム。介護が必要になると原則退去しなければならない。	
施設系	特別養護老人ホーム	要介護３以上が対象の介護保険施設。生活支援・介護サービスが提供される。	約5万～15万円
施設系	老人保健施設	要介護１以上が対象の介護保険施設。病院と自宅の中間施設的位置付け。施設スタッフにより介護サービス、看護、リハビリが受けられる。	約6万～16万円
施設系	介護療養型医療施設 （平成30年３月31日をもって廃止予定）	要介護１以上が対象の介護保険施設。長期の療養が必要な場合、介護も含めてサービスが提供される。施設スタッフによりサービス提供。	約7万～17万円
施設系	認知症高齢者 グループホーム	要介護１（一部要支援２）以上の認知症の方が対象。９人１単位で家庭的な共同生活を送る住まい。施設スタッフによりサービス提供。	約12万～18万円

（2）選択方法

①元気なうちに住み替えたい

ア）一人では不安だから、安心がついている

サービス付き高齢者向け住宅、軽費老人ホーム、住宅型有料老人ホーム

イ）介護が必要になっても住み続けられる

特定施設入居者生活介護の指定を受けている住まい：サービス付き高齢者向け住宅、軽費老人ホーム、介護付有料老人ホーム

②介護が必要（要介護1以上）になったので住み替えたい

特別養護老人ホーム、老人保健施設、介護療養型医療施設、認知症高齢者グループホーム

現在の状況と希望を整理して、サービスや金額などのポイントをチェックしながら判断しましょう。公的な介護施設は費用が安いですが、空きが少ないのが現状です。

「家族のもとで、介護や最期を」といった考えの人が多くなってきました。「終《つい》の住まい」

探しから「在宅介護」の仕組みづくりへ、行政も方向転換を求められています。

（3）お一人さまの場合

要介護2〜3以上になると、介護保険の利用のみでは在宅での生活は難しくなります。現在の介護保険での在宅サービスは、同居家族ありきの制度といっても過言ではありません。そうなるとお一人さまの場合、次の4つからの選択を迫られます。

①家族を頼る（同居か支援を受ける）
②保険外の自費サービスの利用
③介護保険施設への入所
④サービス付き高齢者向け住宅や有料老人ホームなどへの入所

早めに決めておき、お金などの準備も考えなければなりません。また、後期高齢者になると、お一人さまのアパート入居を拒否される場合があります。

11 悔いを残さない終末期医療の決定

（1）最期をどう迎えたいのか

私は、父親の兄弟４人の末期がん終末期医療を、担当医と相談しながら治療を進めて最期を看取りました。４人とも病院嫌いで、最期をどうしたいのか以前の問題でした。苦しんだり怖がったりする姿を見ながらも告知せず、医師と治療方針を決めていくことは精神的に大きな負担でした。どうしたら本人にとってベストな選択なのか、本人の希望を全く確認することなく決めていったのです。

結局、最期を看取りながら悔いが残りました。終末期医療をどうしたいのかを伝えておかないと、**亡くなった本人にも残された遺族にも悔いが残る**のです。

終末期医療はデリケートな問題ですが、理想の看取りをするためにも避けられません。

終末期医療に関して大事なことが２つあります。

①自分が希望する最期を家族に伝えておく

・意識不明の状態になったら

・告知の有無は

・治療の判断は誰に
・延命治療を受けるのか
・緩和ケアはどうするのか
・臓器提供を希望するのか
・臨終の場所はどこに

②医師任せにしない
延命治療は途中でやめられませんので、いつまで生き続けるのかわからず、家族に負担もかかります。医師任せにはせず、次のことを念頭に自分たちで決めましょう。
・あらゆることに関して医師から説明があったのか
・納得できる説明だったのか

(2) 緩和ケア

生命にかかわる病気に直面している患者とその家族の、身体的・精神的・社会的な負担に速やかにかつ適切に対応して、苦痛を予防または緩和することで、患者自身やその家族の悩み・問題を改善する医療のことを意味します。

具体的には次のものです。

・身体的・心理的な苦痛がない
・人として尊重されている
・医師との良好な関係
・他者の負担にならない
・家族との良好な関係
・落ち着いた環境・望んだ場所にいる

多くの人が最期を、苦痛がなく、尊厳を持ち、愛される人に囲まれて迎えることを望んでいます。

①痛みの緩和

ア）病院内での相談

医師・看護師・薬剤師、緩和ケアチーム・緩和ケア外来、ペインクリニック（薬以外の方法で痛みを和らげる治療を行う専門医）

イ）病院外での相談

がん相談支援センター、国立がん研究センター、がん情報サービス、がん相談ホットライン

ウ）薬で痛みを和らげる方法

＊薬以外での方法：放射線治療、癌性腹水、神経ブロック療法

②延命治療（尊厳死）

ア）人工呼吸器

口や鼻から気管まで管を挿入する気管挿管

イ）心臓マッサージ

心肺蘇生、胸部の圧迫を繰り返す方法

ウ）胃瘻（いろう）

体外から胃に直接水分・栄養を入れるために通した穴

エ）高カロリー輸液

太い静脈への水分・栄養補給

(3) 自宅看取り

最期を家で過ごしたいと希望する人は増えています。次のポイントをチェックすると同時に、残される家族のライフプランも考慮しなければなりません。

・在宅医療を行っている地域かどうか
・経済的・肉体的に介護する人が頑張れるか
・介護保険や民間保険の内容確認は
・本人と家族の受け入れ状況などがあるか

12 病院とのかかわり方

(1) かかりつけ医

皆さんには、「かかりつけ医」がいますか。

私の場合の、かかりつけ医とのかかわり方についてお話しします。私は毎月通院し、年2回の血液検査と年1回の胃カメラ検査をしています。私の数十年間の医療データがあり、病歴や他院で服用している薬も含めて、すべてを把握していただいています。

家族も同じ「かかりつけ医」ですから、家族全体のことも理解してくださいます。「奥さんは体質が○○なので、いまの時期は○○に気を付けて」、あるいは「娘さんの風邪はよくなりましたか」とか、「娘さんはいまが大事なときなので、風邪をうつさないようにこんなことに気をつけてください」など、数えきれないほどの細やかな配慮をしていただいています。

信頼のおけるかかりつけ医は、患者一人ひとりとじっくり向き合い診察してくれます。家族の健康状態も把握しているので、家族全体への対応もタイミングよくしてくれます。日常の健康アドバイスだけでなく、患者の性格も理解しているので、患者に合わせたわかりやすい説明もしてくれます。

専門外の病気やケガでもまずは、かかりつけ医で受診します。そうすると、連携の取れる大学病院や専門医、必要に応じて適切な病院や検査などを紹介してくれます。大病院では紹介状がないと受診しづらいので助かります。どこの科を受診したらよいのかわからないときは、症状に合った専門医を紹介してくれます。

かかりつけ医は、自分の健康の総合窓口でもあり、何でも相談できるありがたい先生なのです。かかりつけ医がまだいない人は、相性がよく信頼できるかかりつけ医をぜひ見つけてください。

病院が苦手な人、自分に合ったかかりつけ医を見つけられない人、時間がなくて病院へなかなか行けない人には、かかりつけ薬剤師が必要なのかもしれません。

高齢者の薬漬けと、それによる副作用が深刻な問題になっています。特に高齢者は抵抗力がありません。そういう意味でも、薬局にもかかりつけ薬剤師がいるとよいでしょう。

しかし、薬局は応急処置です。自分の医療データを一括管理してもらえる、かかりつけ医がいることは一番の安心となります。

（2）医療ソーシャルワーカー

病院によっては、ソーシャルワーカーがいる場合があります。医療ソーシャルワーカーは、病院へ入院・通院する患者さんやその家族の人たちと向き合い、その人たちの経済的・精神的・社会的問題の解決、課題を調整・援助し、社会復帰の手助けをしています。

医療ソーシャルワーカーの役割は次の６つです（厚生労働省の発表）。

①療養中の心理的・社会的問題の解決、調整援助
②退院援助
③社会復帰援助

④受診・受療援助
⑤経済的問題の解決、調整援助
⑥地域活動

困ったことがあったり、どうしたらよいか悩んだりしていたら、医療ソーシャルワーカーに相談してみましょう。必要な情報提供や援助をしてくれます。また、病院のスタッフや適切な施設と連携を取り、相談・支援を行ってくれます。

皆さんも医療ソーシャルワーカーとうまくかかわりを持ってください。

コラム

～認知症と家族～

いま思えば、私の叔父は発達障害だったのかもしれません。

叔父の弟が亡くなってから叔父は一人暮らしになり、私が後見人のように世話をすることになりました。昔から叔父は、世間と距離を置くように育てられてきました。しかし、私は叔父が、人が好きなことを知っていましたので、どんどんつきあいの場に出させて、できると判断したことはルールを決めながら自分でやるようにさせました。

周りからは、私が冷酷に映ったかもしれません。何度か失敗しました。騙されたことも危ない目に遭ったこともあります。私はそのたびに被害者にならないように各方面に連絡して処理をしました。

はじめは戸惑っていた叔父も、いつの間にか楽しそうな顔をするようになっていきました。周りの人も、頑張っている叔父に親切に接して話し相手になってくれました。

家族の接し方は認知症においても同じで、本人にできることは自分でやらせることが大事ではないでしょうか。

認知症は病名ではなく、アルツハイマー病に代表される症状です。症状のサインが出たら、認知症診断や相談のタイミングを先延ばしにしないでください。早期発見の妨げになることが2つあります。

1つは、「うちの親が……。そんなことはない」という、人の心理や思い込みです。もう1つは、一人暮らしの親と離れて暮らしているので、症状のサインがわからないことです。この場合は、ときどき顔を出して、家の汚れや小銭ばかり貯まるなど、日常生活の「何か変だな?」に気づいてください。

認知症と診断されたら、ご近所に対して親が認知症であるということを隠さずに伝えてください。ご迷惑をかけてからでは遅いのです。また、伝えることでご近所の方も注意して見てくれます。

認知症と診断されたら、本人ができることはやらせましょう。これにはある程度の覚悟が要ります。認知症になっても人は、幼少のころの記憶は残っていることが多く、身体で覚えたことは忘れにくいものです。「あれをしちゃダメ」「これをしちゃイケナイ」と、ダメ・イケナイでは心が沈んでしまいます。

一番避けたいのは、認知症の人をうつ病にもしてしまうことです。自分のことを忘れられたりすると家族の方はショックを受けるかもしれませんが、うまく接してください。

何もしないまま認知症になると、それまで終活してきたことが無駄になります。いつ何が起きても慌てないように、意思決定能力がなくなった場合の対応を考えておきましょう。

私は、認知症予防トレーナーとして3つのことを推奨しています。

一つ、新しいことを始める。

一つ、人と集まりよく話す。

一つ、思い切り笑う。

さっそく試してください。人の脳は40歳を超えると老化するといわれていますが、新しい情報を毎日5分間インプットすると衰えない、ともいわれているからです。認知症を予防することは、健康寿命を延ばすことにもつながります。

チェックシート【医療・介護】

介護と終末期医療は、デリケートな部分なので、項目を細分化するなど自分や家族がわかりやすい形で、家族が困らない範囲で書けるところから記入してください。

○	項目	備考
	健康保険	保険者名・記号番号
	かかりつけ医	病院名・病名・主治医・常備薬・アレルギー・電話番号
	過去の病歴	病名・発病年月日・治療年数・かかった病院（科）
	介護	誰に・場所は・費用は・財産管理は・判断力がなくなったときは
	終末期医療	告知について・治療の判断は誰に・延命治療・緩和ケア・臓器提供・臨終の場所は
	その他	

第4章 相続で困らないように「争族」を避ける

1 戸籍謄本と家系図の3つの活用法

(1) 相続を考えるにあたって

「父親が亡くなったら相続はどうなるんですか?」

このような内容の相談を受けることがあります。そこでまずは、母親が健在で元気なのか、相談者が後継者なのかを確認し、次の2点を質問します。

① 「父親の戸籍を見たことがありますか?」

なければ、ご両親の戸籍謄本を取り寄せてください。

② 「父親の財産を知っていますか?」

わからなければ、父親の固定資産税課税明細書を見せてもらってください。

財産については本章4でお話しますので、ここでは戸籍謄本についてお話しします。

右記の相談で、最初に母親の状態を聞いたのは、父親の相続では母親の意見が反映されることが多いからです。相談者の立場を聞いたのは、確実な後継ぎの場合、後の私へのクレームが最小限に防げるからです。父親だけではなく両親の戸籍謄本を取る理由は、同時に母親の家系や相続関係もわかるからです。

(2) 家系図の作成

戸籍謄本から家系図をつくりましょう。その理由は3つ挙げられます。

①相続関係を知る

戸籍謄本を見て初めて、知らない兄弟がいた、親が再婚だったことを知った、というような事例に何度か遭遇しています。戸籍謄本は、開けなければならないパンドラの箱です。

箱のなかに、どんな災いや困難、不安が入っているのかはわかりません。何もなければ安心し、災いが入っていても早く知ることで対策や覚悟ができます。いずれに

図1　相続相関図
（被相続人と全相続人との関係を図式化したもの）

例：相続人が配偶者と長男・長女の場合

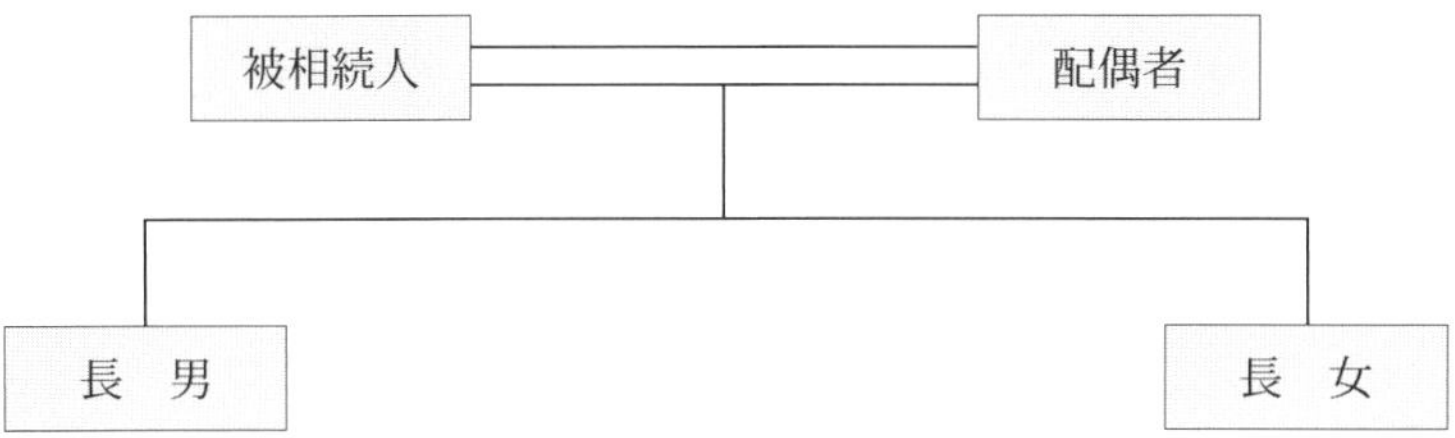

しても、開けなければわからないのです。開けたときは複雑な気持ちになりますが、冷静になれば正しい対策を熟慮する時間を得ることができます。

戸籍謄本から、**図1**のように誰が法定相続人（本章2参照）なのかを表した相続相関図を作成するのです。

②血縁関係の詳細を知る

結婚式や法事の席で初めて会う親戚の人や、よく会うが関係のわからない親戚の人がいることはありがちです。いつも話してはいるけれどいまだにつながりがよくわからない、親から名前は何度も聞くけど、まだ会ったことがない――。あるあると思われる方が結構いるはずです。

■図2　父方の親戚家系図

曾祖父から上はルーツを知りたい人。母方と妻の実家も同様に作成してください。

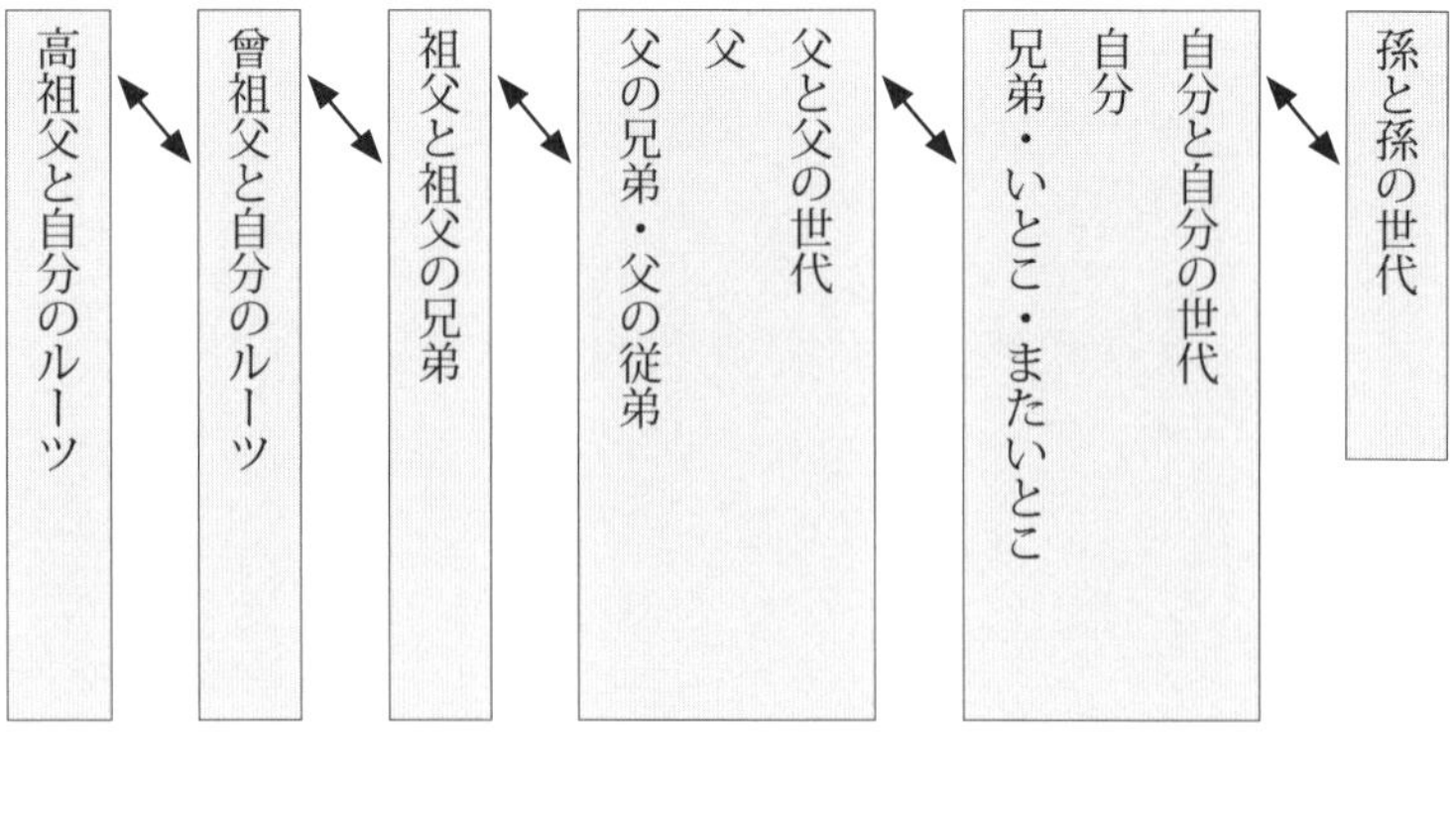

そこで戸籍謄本から、血縁関係の親戚家系図を作成します。これを父方と母方の両方でつくりましょう（**図2**）。さらには、奥さんの実家の分まで作成します。いろいろな場面で役に立つことは間違いありません。

③コミュニケーションと連絡網をつくる

②で作成した親戚家系図を親に見せながら、さらに詳しい情報を聞きます。「俺も親戚が集まる場所に出ることが多くなったから、こんな具合に親戚家系図をつくったんだけれど、親父の知っていることも教えてよ」と。父親は悪い気はしないでしょう。「息子が親戚の関係を知りたがっている」「これからのことを自分なりに考えてくれているんだ」と、思わぬエピソードや昔話を話してくれるかもしれません。

同じことを母親と奥さん（もしくはご主人）にもしてください。終活は家族のコミュニケーション活動でもあります。直接聞いたうえで総合的な判断から、誰に電話をしたらどこからどこまで連絡が広がる、ここの親戚はもう連絡しなくてもいい、ということなどがわかり、**もしものときの連絡先とそれによる連絡網リスト**が出来上がるのです。

現実的には、親の戸籍謄本だけでは親戚家系図は完成しません。祖父の戸籍謄本が必要になります。自分のいとこや親のいとこが親戚として登場するからです。

実際には、戸籍謄本に自分の知っている情報を付け足します。自分なりの努力を見せて、後は親に聞けば知りうる限りのことを教えてくれるでしょう。

興味のある人は、戸籍謄本で調べてみると、自分のルーツを知ることにもつながります。私は、聞ける親がすでに亡くなっていたので、曾祖父が生まれたときからの謄本を集めました。

親戚家系図は、親から多くの情報を聞けるうちに作成してください。

2 法定相続人の確定

(1) 法定相続人の考え方

①戸籍謄本の取り寄せ

法定相続人は戸籍謄本によって確定されます。原則、**出生から死亡までの連続した戸籍**が必要となります。

戸籍は、すべてがつながっていなければなりません。転居などで空白部分があると、そこに婚姻や子の誕生の可能性があり、相続人が隠れている可能性が0%ではないからです。

被相続人が他の市町村を転々と移動している場合には、転居ごとにそれぞれの市町村から戸籍謄本を取る必要があります。被相続人やその親が転勤族の場合、故人が婿養子だった場合などは転居が多い可能性が高くなります。そのため、エンディングノートに居住地の移転先をすべて書いてください。それに沿ってすべての戸籍謄本を取り寄せておくと、残された人が困らなくて済みます。

また、**兄弟姉妹相続**の場合には、被相続人の両親の戸籍も必要となります。兄弟姉妹相続の場合は、他にも兄弟がいる可能性をすべて追わなければなりません。そのためには、被相続人の父親と母親の戸籍が必要になります。そもそも、被相続人に兄弟たちが知らなかった子がいた場合はその子が相続人になるので、その可能性を調べるために被相続人の戸籍も必要です。したがって、「被相続人」「被相続人の父親」「被相続人の母親」の３人分の、出生から死亡までの連続した戸籍謄本を取ります。

②養子縁組の場合

婚姻と養子縁組は別ですので、養子縁組をした夫婦が離婚する場合には養子縁組の解消はセットでしなければいけません。これを忘れていると、親が亡くなったときに別れた夫にも同じ相続権があることになります。

配偶者の連れ子は、養子縁組をしないと法定相続人になれません。

胎児は出生によって、はじめから法定相続人とみなされます。テレビドラマで妊婦が義理の兄弟に殺害される事件が起こったりすることがありますが、それは相続をめぐる権利の争いが引き起こした悲劇です。

法定相続人の数が基礎控除額に反映されるために養子縁組をするということもあります。平成27年の相続税改正で税率が変わる心配のある人は、トラブルにならない範囲で養子を考慮することも考えられます。基礎控除の減額といっても、バブル前はもう少し低かったのです。

③代襲相続人

代襲相続人とは、被相続人が死亡する前に相続人であるべき者が先に死亡していた場合に、先に死亡した者の子がその相続分を相続することをいいます。子が複数人いれば相続分を均等割りします。

養子となった孫が代襲相続人にもなった場合は、**二重資格**となります。代襲相続人としての実子と同じ資格、養子としての実子と同じ資格の2つの資格を持ちます。したがって、他の実子の2倍の相続分があることになります。

長男の子が代襲相続人の場合に養子にするケースが見られます。理由としては、養子にして法定相続人を増やし相続税を減額させる、長男の子に財産が多く渡るようにするという2つの観点からです。

④利益相反関係

次の者がともに法定相続人になった場合は、利害の対立の恐れがあるとみなされ、家庭裁判所に特別代理人の選任を申し立てる必要があります。

例1：未成年者とその親権者（親）

例2：成年被後見人（配偶者）と成年後見人（長男）

知らなかった親の再婚、初めて知った兄弟の存在、それ以外でも、戸籍謄本で知らない事実を発見した場合、見たこともない人が自分と同じ権利を持った相続人として登場することがあります。逆に、自分が思わぬ人の相続人になっている場合もあるかもしれません。相続の世界では、DNAよりも戸籍第一主義なのです。

（2）法定相続分の算定

法定相続人が確定したら、それぞれの相続割合である法定相続分を算定します。

①配偶者＝1／2、子＝1／2
②配偶者＝2／3、直系尊属＝1／3
③配偶者＝3／4、兄弟姉妹＝1／4

配偶者は常に法定相続人になります。配偶者以外は、第1順位が子、第2順位が直系尊属、第3順位が兄弟姉妹となり、複数人いれば均等割りします。

以上が法定相続分算定の基本ですが、複数要因が絡んだ複雑な相続では、相続分の算定が面倒になります。私も80分の17という相続事例を経験しました。

3 遺言書のトラブルと注意すべき点

（1）遺言書

遺言書には、自筆・公証・秘密の3種類がありますが、秘密証書遺言はほとんど利用されていません。現実的には次の2種類になります。

①自筆証書遺言

遺言者がその全文、日付および氏名を自筆し押印した遺言書。全文自筆でなければいけないので、ワープロ、パソコン、代筆、口述筆記は無効になります。

遺言書が複数存在する場合は日付の新しいものが優先になるので、日付は正確に書く必要があります。印鑑は認印でも構いませんが、トラブル防止のため実印を使用しましょう。

②公正証書遺言

公証人が遺言者の口述を筆記し、次のア)とイ)の要件を満たした遺言書。

ア)証人2人以上の立ち合いがあること。遺言者および証人が内容を承認し、各自これに署名押印する（遺言者が署名することができない場合は、公証人が事由を付記して署名に代えることができる）。

イ)公証人は、正しい方法で書かれた旨を付記してこれに署名押印すること。

なお、遺言書には次の基本事項があることを押さえておきましょう。

・遺言書によって、法定相続分を変更できる。

・意思の成立は作成時であるものの、効力の発生は遺言者の死亡時。
・遺言の効力は、その人に限るので代襲はされない。
・養子縁組などは遺言で行うことはできない。
・遺言書を夫婦連名でつくることは不可能。遺言書の連名は認められない。

(2) 遺産分割と遺言

相続人全員の合意があれば、遺言と異なる遺産分割も可能です。ただし、遺言執行者がいればその同意も必要になります。

遺言書や遺産分割協議書に記載されていない財産が、後から出てくるたびに相続人同士で話し合うようでは困ります。後から出てきた財産を誰が相続するのかを、遺言書や遺産分割協議書にあらかじめ明示(記載)しておきましょう。

①遺留分

遺留分とは、法定相続分を下回る分割がされても、法律上必ず留保されなければならない一定の割合のことです。基本的に、遺留分は全遺産の2分の1です。つまり、法定相続分の2分の1と解釈できるでしょう。

直系尊属のみが相続人の場合は、遺留分は全遺産の3分の1となります。

兄弟姉妹には遺留分はありませんが、それ以外の代襲相続人には遺留分があります。

②遺留分減殺請求

遺言や遺贈などによって、遺留分が侵害された場合の請求権という意味です。

遺言書で最も多いトラブルは、**遺言による遺留分の侵害**になります。遺言書を書くときには、遺留分を意識して書いてください。

遺言書の正当性を問うトラブルも多いです。不満のある相続人から、他の有利な相続人が被相続人を脅迫したり、認知症の状態で書かせたりしたものだと主張するケースがあります。遺言書には日付を書くので、明らかに判断能力に問題がなく決定力があるうちに早めに書いてください。

③寄与分

被相続人に対して特に貢献した相続人への相続の上乗せ分を寄与分といいます。

特別寄与には、対価はなし、扶養義務の範囲では不可、などの条件があります。特別寄与の範囲とその立証資料が必要ですが、現実的にはかなり困難であり、係争の要因にもなっています。両親が生存中に何らかの対策が必要ですから、エンディングノートに、特別寄与の内容と想いを書き込んでください。

寄与分に限らず、トラブル回避のためにも遺言書について早めに話し合うことが大切です。その経緯や想いを盛り込むためにも、遺言書とセットでエンディングノートを書いてください。

4 相続財産の評価と未発見財産の探し方

(1) 相続財産の評価

土地以外の相続財産の評価は次のとおりです。

①預貯金の評価

預金残高＋相続開始現在において解約した場合の利息（一般的には残高証明書による）

②生命保険契約に関する権利の評価

相続開始現在において解約した場合の解約返戻金の額（一般的には残高証明書による）

③家屋の評価

固定資産税評価額

④貸家の評価

固定資産税評価額×（1－借家権割合×賃貸割合）

⑤上場株式の評価

次のア)～エ)のうち最も低い金額

ア）課税時期の最終価格

イ）課税時期の属する月の毎日の最終価格の月平均額

ウ）課税時期の属する月の前月の毎日の最終価格の月平均額

エ）課税時期の属する月の前々月の毎日の最終価格の月平均額

(2) 未発見財産の探し方

私は、一人暮らしの叔父たちの葬儀の喪主をしてきました。また、私はそれぞれの故人の最後の数カ月を最も身近で見ていました。そこから想定した個人の性格や行動から目星をつけて、気になるところから徹底的に探索しました。そのため、自分は未発見財産探しのプロではないかと思うこともあります。

探したものは、通帳、カード、景品や粗品、請求書、よく出てくる店の名前、郵便物、写真、税金や光熱費などの領収書、書類、カレンダー、ノートなどです。ここでのポイントは何か、これらの遺品から何がわかるのかをお話しします。

①通帳

通帳は最も重要な情報源です。どんな取引をして、お金の流れや出し入れがどうなっていたのかを把握できます。数冊あれば、メインバンクとその他の通帳の使い分けや、何かの専用通帳なのか、景品・粗品で取引の深さがわかります。通帳記入明細の引き落とし状況やカードの種類・名称からマイナス財産を知ることもできます。

②郵便物

郵便物は通帳と並ぶ情報源で、プラス・マイナス双方の各種取引状況がわかります。どんな郵便物があるのか徹底的に調べましょう。銀行・保険会社・証券会社・ローン会社などの請求書・領収書から、借金や未払い金の確認などをします。

③ローン・不動産

住宅ローンがあれば、残高などの内容や団体信用生命保険加入の有無を確認し、手続きします。

固定資産税課税明細書があれば、不動産の個別情報がわかります。なければ役所で土地家屋名寄帳を取得すれば詳細がわかります。このときに共有名義の名寄があるかどうかも調べてもらいます。次に、法務局で登記事項証明書（登記簿謄本）と公図を使用して、不動産ごとに私道・赤道《あかみち》・隣接地の権利関係を調査します。

④その他

書類やノートで借金などの確認をします。誰かの保証人になっていないか要注意です。店の名前、写真、カレンダーで、行動や交友関係がわかりヒントが出ることもあります。葬儀中に様子のおかしい参列者がいなかったかなど、後で漏れがないようできる限りのことを調べましょう。

必要書類などの材料を揃えて実地調査をしましょう。調査先には故人の除籍と自分が法定相続人である証しとして戸籍謄本を持参します。

5 土地の評価

相続財産の過半数（地域によっては大部分）が不動産になります。

バブル期以降に路線価の変更があり、評価が急上昇しました。その後も評価の変動はあり、地域にもよりますが、土地の価値は以前とは比べものになりません。したがって、相続財産に占める土地の割合が高くなり、そのことによる争いも増えたのです。

そこで、**円満な遺産分割をするためには、不動産をどう分けるのかが重要**になります。問題なのは、不動産には「分けにくい」「現金化しにくい」「流動性に劣る」といった特性があることです。そこで、土地の評価はどう行われるのか、どう調査したらよいのかを知りましょう。

土地の評価には公的土地評価、売買価格評価、不動産鑑定評価があります。ここで重要なのは、評価において相続税と遺産分割は別であることです。

（1）相続税のルール

定められた路線価方式または倍率方式（土地によって方式は決められています）で評価額が決定します。さらに、相続税軽減のための措置などを利用すると、本来の価値と変わってしまいます。奥行補正など補正とつくとマイナス修正がされ、道路などの加算とつくとプラス修正がされます。

（2）遺産分割

遺産分割では実勢価格（売却した場合の第三者が購入する適正な価格）で判断します。売却の場合は、目安となる価格をもとに交渉するので算定しやすくなります。相続する場合は、実際に売却するのではないため、実勢価格を算定するのは困難です。価格がわかりにくいことは、相続人同士で価格をめぐって争う原因となります。土地一つひとつに、異なった属性や個々の事情が存在するのです。

①実勢価格の調査

属性や事情を理解し、実勢価格を判断するためには次の調査を必要とします。

ア）現地調査

立地条件、市場性、現況、地形・高低差、境界、道路、インフラコスト（上下水道、ガス、電気（電柱））

イ）法令調査

法務局では、登記・土地の権利関係など、役所では、都市計画・道路・用途地域など、その他にも、売買価値、収益性、コスト（固定資産税ほか）などを調査します。

②土地の仕訳

土地を次の４つの視点で仕訳けることが財産分割のポイントです。それによって、土地の実力がわかります。

・収益性＝稼げる土地（残す土地）
・換金性＝売れる土地（事情や条件で売却する土地）
・インフラ＝道路・上下水道など（活用に手間や費用のかかる土地）
・制限＝調整化地区など（何もできない土地）

土地調査と土地の実力による仕訳によって、実勢価格の根拠がつかめ、財産分割がやりやすくなります。

エンディングノートに、土地調査と土地の実力を、その過程も含めて書き込んでください。財産分割だけでなく、相続人が相続した土地の活用方法も把握できます。

（3）相続税の減額

①道路に関する評価

相続では、道路に関する次の評価があります。

- 道路からのセットバック部分の評価＝30％
- 私道の評価は、通り抜け可＝ゼロ、通り抜け不可＝30％

②その他の評価減額

不整形地（形の悪い台形、ひし形など）は、土地の有効活用において不利な面があるので評価を減額できます。

土地に一定の高低差（道路との・その土地内での）がある場合、造成しなければ活用できないと想定できる場合に評価を減額できます。

③土地の面積は公簿？　実測？

どちらでも大丈夫です（当然、公簿で計算したほうが簡単です）。しかし、不整形地などは、実測のほうが評価が低くなるケースもあります。

公簿と実測の差が大きいが公簿にした場合、相続した土地を売却したときに税務署に申告する必要があります。相続時と売却時の申告面積の差が大きいと税務署調査が入ります。

（4）分割協議その他もろもろ

分割協議がまとまらないからと土地を**共有名義**にすると、後々問題が発生することが多いので、できる限り避けてください。次の代になると相続人も増えるなど複雑になります。自分たちでまとまらないことが次の代でまとまることは困難であると考えてください。

相続では日頃から**親兄弟仲良く**するだけでなく、**隣近所とも仲良く**しておいてください。将来において、相続して土地を活用または売却する場合は必ず測量をします。近所同士が親の世代で悪い関係であれば、測量の印鑑をもらえない場合があります。測量ができない土地は何もできません。日頃からの近所づきあいが大切になります。

エンディングノートに、所有している土地に隣接する土地の所有者と、その人との人間関係を書き込んでおきましょう。

6 借金のマイナス財産と申告漏れのみなし財産

(1) マイナス財産

相続財産には、プラスの財産だけでなく借金などのマイナス財産も含まれます。借金、ローン、誰かの保証人になっていること、未払い金などです。プラスの財産よりマイナスの財産が多ければ、相続によって借金を背負うことになります。誰もが相続で借金を抱えたくはありません。

マイナス財産のほうが多いときには、**相続放棄**という方法があります。相続を知った日から3カ月以内に、家庭裁判所で相続放棄の手続きをしてください。借金という犯人は初動捜査が重要です。

相続放棄は撤回ができないので、事前に確認し、よく考えてから行いましょう。また、相続財産を処分した後では、相続放棄ができないので注意が必要です。

借金の取り立ては葬儀の3カ月後から来ます。取り立て人はプロなので、3カ月という相続放棄の期限を知っているのです。

マイナス財産とプラス財産のどちらが多いか不明なときは、限定承認という方法がありますが、手続きが大変煩雑です。

借金などのマイナス財産があったら、必ずエンディングノートに書き込んでください。皆さんに万一のことがあったときに、残された家族が知らなかったら大変なことになります。プラス財産とマイナス財産を漏れなく書くことで、それが相続放棄をするかしないかの判断材料になります。

(2) みなし相続財産

死亡保険金は、民法上と相続税法上とで扱いが異なります。民法では受取人の財産とされ、相続税法では「みなし相続財産」として相続財産に含まれます。

みなし相続財産には、税金のかからない控除額があります。

死亡保険金のほかに死亡退職金も、みなし相続財産です。それぞれに「**500万円×相続人の数」の控除額**があり、それを超えた額が相続税の課税対象になります。

見落としがちなのが、みなし相続財産なのです。「たいした財産がないから、相続税は自分には関係ない」と決めつけないでください。税金がかからないと思って申告しないまま死亡保険金や死亡退職金を受け取ると、**申告漏れ**で税金も加算されてしまいます。

平成27年の相続税改正によって、相続税の対象者が増えています。いままで以上に、みなし相続財産で相続税がかかる割合が高くなります。一方、小規模宅地等の特例や配偶者控除を利用して相続税がかからなくなる人も増えました。この場合には申告をしなければなりません。つまり、**納税しなくても申告する人が多くなる**ということになります。

何の保険に入っていて、何かあったらいくら受け取れるのか、内容はどうなっているのかを、必ずエンディングノートに書き込んでください。受取人が誰で、なぜその人を選んだのかも書き加えておけば、後のトラブルも防げるはずです。

7 相続における保険の活用方法と注意点

（1）保険への加入

①契約と税金の種類

表1を参照し、生命保険に加入する際は原則、**相続税になるように**してください。**贈与税にならないように注意すること**が大事です。

＊まれに、相続課税財産がかなり高額になる場合は、一時所得になる選択をすることも方法の1つです。

②保険加入の注意点

入院中に死亡した場合、死亡保険金とは別に入院保険金が支払われます。入院保険金は被保険者（死亡した人）に支払われるので、相続人のなかから相続を受ける代表者を選定する手続きが必要になる場合もあります。

個人年金では、契約者と受取人が違うと、毎年の雑所得のほかに初年度だけ贈与税（年金受給権の贈与）が発生します。原則、相続税になるようにしてください。贈与税にならないように注意することが大事です。

生命保険加入にあたっては、次の点に注意してください。

・被保険者の健康状態
・掛け金を支払い続けられるのか
・長期間になる場合に社会情勢の変化などがありうる

■表1　生命保険の契約と税金の種類

契約者	被保険者	受取人	課税関係
A	A	B	相続税
A	B	A	一時所得
A	B	C	贈与税

（2）生命保険の3つの相続活用方法

生命保険の活用は、贈与税の課税対象にしないことが大原則です。

その活用方法には、次の3つがあります。

①納税対策

換金性に優れています。すぐに現金として使えるので、相続税納付に活用できます。

②節税対策

現金などの資産は、相続財産として全額が相続課税対象になります。生命保険には「法定相続人の数×500万円」の控除額があり、節税効果があります。

2次相続のときは相続人が減り、配偶者控除も使えません。何も準備していないと、予想以上に相続税がかかってしまうことがあります。2次相続対策として、余裕があれば配偶者にも生命保険への加入をおすすめします。

③遺産分割対策

代償分割としての生命保険を活用できます。

土地を相続する人を死亡受取人にして、死亡保険金を代償として他の相続人に現金を渡します。長男に家が、他の子に現金が残ることで、兄弟間での不平不満に対応できます。次のア)とイ)の2つの要件を満たさないと、代償分割でなく贈与税になるので注意してください。

ア）死亡保険金受取人が被相続人の財産を相続していること
イ）相続した財産の範囲内で代償財産（死亡保険金）を渡すこと

（3）終活から見た生命保険

終活の視点から生命保険を考えると、特約の付け方次第では**生きるための保険**にもなります。

余命6カ月と診断されると、先行して死亡保険金の範囲内で保険金が受け取れます。お金の心配をしないで治療に専念でき、場合によっては病気が回復することもあります。一定の障害状態になったときに、介護などのための保険金が受け取れます。金額は障害の重さによって違いもありますが、最高で死亡保険金と同額になる場合もあります。

死亡したり要件を満たした高度障害状態になったりしたときに、一時金ではなく年金形式で生活保障金として受け取ることができます。

自分に合った保険や特約を付けて、生きるための保険も考えてみましょう。

8 正しい生前贈与

(1) 贈与税

贈与税額＝(贈与額－基礎控除110万円)×税率－控除額

生命保険で、受け取りが贈与税にならないようにしてくださいとお話ししました。右記の計算式で相続税と比較すると税率が高いため(1000万以下の場合、贈与税のほうが3~4倍)、また、控除が少ないために高い税金を取られてしまいます。

贈与税は税率が高く大きな負担になる一方で、法定相続人以外に対しても利用できるメリットもあります。

(2) 代表的な贈与

代表的な贈与を2つご紹介します。

①暦年贈与

・贈与を受ける人数を増やして、基礎控除110万円を有効に使います。
・現金を贈与する場合は、受贈者の口座に振り込み贈与の事実を明らかにします。
・贈与が110万円を超えた場合は、贈与者が申告をして贈与税の納付は受贈者自らが行います。

毎年定期的に暦年贈与を使うと、計画的な贈与とみなされ、場合によってはすべてが贈与税になることがあります。心配な場合は、税理士に相談してみましょう。

②相続時精算課税制度

60歳以上の父母から20歳以上の子や孫に贈与する場合、2500万までは非課税ですが、2500万を超えた部分には20％の贈与税がかかり、**相続発生時に相続税として精算する**制度をいいます。

次のようなさまざまな特徴があります。

・一度選択したら、暦年贈与は使えない。
・一度に多額の贈与ができ、財産の移転もスムーズにできる。
・家賃や地代などが入る収益物件に使うと、収益分も移転するので相続税対策になる。

小規模宅地などの特例と比較し、有利なほうを選択する。

・値上がりする財産に使うと有利で、値下がりする財産に使うと不利となる。それを確実に予測することは困難。

・内容が複雑で、利用するべきかの判断が難しい。

（3）生前贈与のデメリット・メリット

不動産の贈与には、登録免許税や不動産取得税、その他の税金や費用がかかります。生前贈与は複雑です。やり方を間違えると、後で多額の税金を払う必要も生じます。

生前贈与を受けていない相続人は不公平感を覚え、逆に生前贈与を受けた相続人が「それは生前贈与ではない」と主張するかもしれません。相続トラブルの原因にもなりかねません。

生前贈与は、財産の移動を思いどおりにすることができて、相続財産を減らすこともできるのがメリットです。

孫へ贈与すると相続税を一代先送りにすることができ、その他にもメリットがあります。

考えてほしいのは、**生前贈与にはメリットとデメリットの両方がある**ということです。安易に考えず、適したものを正しい手順で行ってください。判断や方法は難しいですから、専門の税理士に相談するとよいでしょう。ただし、報酬として費用がかかります。すべてを総合的に判断し、長期的に考えるのです。計画性と正当性のない生前贈与は、相続発生後のトラブルの原因になることを忘れないでください。

生前贈与をした場合には、必ずエンディングノートにその根拠と想いを書き込んでください。

9 正しいアパート経営

「相続税対策のためにアパート経営を考えませんか？ さらに不労所得として老後生活の資金にもなります」

このようなセールストークを聞いたことがあるかもしれません。事実、多くの住宅メーカーが前年比並みにアパートを建て続けています。

今後の日本は、人口減少が加速されます。そのなかでアパート経営に参入して大丈夫でしょうか。アパート経営の是非を検証していきましょう。

（1）アパート建築での評価減

貸家建付地（アパート建築地）評価＝自用地（更地）評価×（1－借地権割合×借家権割合×賃貸割合）

アパートを建築することで、土地の評価は約80％減額されます。

アパートの新築評価は、建築費の60～70％で、さらに年々減価償却され評価が下がっていきます。

相続時に、小規模宅地等の特例に該当すれば評価額が80～50％減額されます。

通常は、借金でアパート建築するので、借入金残高が相続財産から差し引かれます。

以上の結果、相続税はかなり減額されます（課税価格だけでも約半額です）。

（2）年数経過に伴うアパート経営の問題点

年数が経つと空室が埋まらなくなり、入居率が低下します。周辺の新築アパートは、単に新しいだけでなく、最新設備やニーズに合った使い勝手のよさがあるため、対抗するには家賃を下げざるを得ません。それでも入居率を上げることは困難です。しかも、家賃を下げると入居者の質も下がります。

借入金返済を考えると、いまは低金利ですが長期的にみて金利上昇のリスクがあります。

アパートは、年数が経つほどメンテナンスがかかり、予定外の大きな出費も考えられます。古くなるとアパートの資産価値そのものが低下します。

これらの問題は、アパート建築から10年～20年経ったころにまとめて起こります。相続が同じ時期に発生したら、子のためによかれとしたことで、子が苦しむかもしれません。

また、よい物件であれ悪い物件であれ、相続における分割でもめる要因にもなるのです。

（3）「動かざる」不動産

さまざまな問題点があるからといって、アパート経営を否定しているわけではありません。土地は動きませんので、「どこにあるか」で何ができるのかという価値が決まります。

アパートに適した**立地条件**で将来も安定した家賃収入が望め、問題点を想定して大丈夫と見込めれば、アパート経営を考えましょう。よいことばかり話す住宅メーカーより、よく話を聞いてくれる住宅メーカーを選んでください。

（4）分筆による評価減

図3のように、利用目的の違いで土地を分ければ、形のよい1筆の整形地が形の悪い3筆の不整形地となり、土地の評価を下げることができます。

相続税対策と老後生活資金がかなえば、アパート経営は終活にとってはありがたい提案です。

⑩ 信託

「ボーナスは○○銀行の定期預金に」といったCMを最近は見かけなくなりました。代わりに、「投資信託でお金を増やしましょう」「信託を利用して財産を守りましょう」といった言葉を耳にすることが多くなってきました。マイナス金利で銀行は金利では稼げなくなり、信託の手数料で利益を上げようとしているからです。

（1）信託とは

信託法の規定では、次の3者の関係者が登場します。

■図3　分筆による評価減

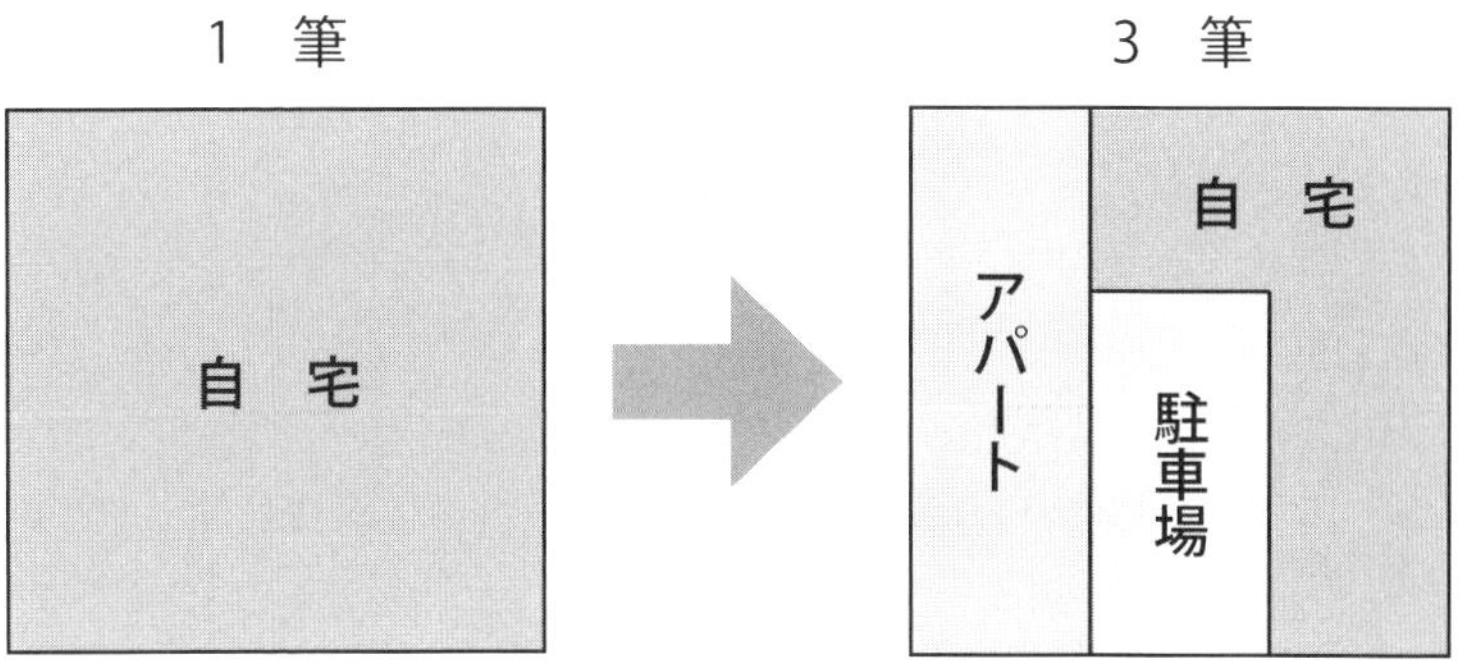

・委託者：元々の所有者で財産を預ける者
・受託者：財産の管理・処分を任される（託される）者
・受益者：信託目的に応じて利益を受ける権利（受益権）がある者

信託とは、委託者が信託行為（例：信託契約や遺言）によってその信頼できる者（受託者）に対して財産を移転し、受託者は委託者が設定した信託目的に従って、受益者のためにその財産（信託財産）を管理・処分などをする制度です。

相続に関して行う信託には、委託者と受託者が同じ「自己信託」と、委託者と受益者が同じ「自益信託」の2つの種類を活用することができます。

（2）信託銀行の信託商品

パッケージ化したものを中心にさまざまな信託商品が開発されており、受託件数が急速に増えています。例えば次のような信託商品があります。

・相続発生によって預貯金などが凍結されるなかで、特定の相続人に速やかに金銭を渡

せる信託商品
・年金方式で残された家族に生活費を渡す「遺言代用信託」
・次世代にまで渡せる「受益者連続型信託」
・孫などに１５００万円まで非課税で教育費を一括贈与できる「教育資金贈与信託」

（3） 商事信託と民事信託

①商事信託

信託銀行や信託会社などが免許や登録をして、不特定多数を相手に業として反復継続して行う信託。受託手数料がかかる、制限があるなどのデメリットがあります。

②民事信託

委託者の親族が受託者になる家族信託など、業として行わない信託。誰に託すのかなどの課題があります。

11 家族信託の活用

家族信託は民事信託です。多くの本に書かれているのは「家族を信じて託す」という言葉のとおりで、信じて託せる家族がいることが大前提になります。

家族信託の活用方法は2つあります。1つは、成年後見制度のデメリットを回避する手段です（本章12参照）。もう1つは遺言書を補うための活用方法です。

（1）遺言書ではできない家族信託の活用

遺言書の作成方法には厳格な取り決めがあり、面倒な割にはできる範囲にも制限があります。家族信託は、委託者と受託者との信託契約です。自分の財産を、比較的思いどおりに移動させたり活用することができます。

次の**3つのメリット**があります。

①遺言書の効力はその人一代限りですが、家族信託ではその次の代も指定できるので、財産の流れが自分の思いどおりにできます。

②アパートに自益信託を利用し、委託者と受益者を父に、受託者を長男にします。アパート名義は贈与にならずに長男へ移りますが、家賃収入は引き続き父に入ります。

③②の契約に、自分の死後は受益者を妻に変更する、と付け加えます。名義は長男になり、収入は妻に入るので、妻が一人になった場合の生活の不安を円満に解消することができます。

(2) 共有名義の紛争予防

分割協議がまとまらないからと土地を共有名義にすると、後々問題が発生することが多く、子の代で解決するのはますます困難だとお話ししました。

家族信託は共有回避に活用できます。ここでも、アパートに自益信託を利用した例で考えましょう。母に相続が起きると、関係のよくない長女・長男・次男の3人の子でアパートをめぐる紛争が予想されます。そこで受託者を長男に、第2受託者を次男にし、受益者を母に、第2受益者を3人の子にします。

管理者・名義人である受託者を1人にして、将来の収益を第2受益者である3人の子で均等分けすることで共有名義を防ぐことができるのです。

（3）連続信託による2次相続の指定

遺言書では1次相続しか指定できませんが、家族信託では連続信託を使い、2次相続も指定できます。

例えば、1次相続でAが被相続人であり、2次相続でBが被相続人、Cは相続人とします。Aが、最終的に財産を受け取る2次相続の相続人Cには相続させたくない場合に、連続信託を利用します。具体的には、Aは受益者をBに、第2受益者をCではなくDにすることで2次相続を指定できるのです。

（4）死後信託による障害のある子への相続

障害者がいる親にとって、自分が死んだ後のその子の生活が気になるところです。この場合には、夫婦が委託者になり信頼できる親族か福祉施設を受託者にして、障害を持った子を受益者にします。結果的に死後信託によって、障害を持ったお子さんが遺言書を作成したのと同じ効果を得ることができるのです。

（5）家族信託による事業継承

株式評価が最も低い時期に、委託者と受託者が本人で、受益者が相続人という「自己信託」を組みます。株式を持ったままですので、議決権もいままでどおりに行使でき、贈与税もかかりません。また、第2次受託者を指定しておけば、思いどおりに事業を引き継がせることができるのです。

家族信託を活用することで、**空き家問題**という今後の課題も解消できることと思います。

相続対策や認知症対策に家族信託を活用する場合には、**信じて託せる人がいるのか、誰に何をどうしたいかという目的が明確か**、この2点が揃わなければおすすめできません。事情によっては、成年後見や遺言のほうが適している場合もあります。そこを熟慮して、家族信託と遺言書や成年後見制度を上手に使い分けてください。

家族信託で「争族」を防ぎ、財産を守り生かすことができるのです。終活としての家族信託は、エンディングノートとセットで考えましょう。これもまた、家族のコミュニケーションツールです。

12 成年後見制度

（1）成年後見制度とは

判断能力の不十分な人は、財産管理や契約締結が困難になることが想定され、そのために、不利益な契約で悪徳商法の被害に遭う恐れもあります。このような人を保護し支援するのが成年後見制度です。次の2つがあります。

①法定後見制度

ア）後見

判断能力が欠けているのが通常の状態の人。成年後見人は、本人が行った日常生活に関する行為以外の行為を取り消すことが可能です。成年後見人に与えられる代理範囲は、財産に関するすべての行為となります。

イ）補佐

判断能力が著しく不十分な人。契約や法律に関する重要な行為について、補佐人の同意が必要であり、同意がなければ取り消すことが可能です。補佐人に与えられる代理範囲は、家庭裁判所が定める特定の法律行為となります。

ウ）補助

判断能力が不十分な人。家庭裁判所が定める特定の法律行為について、補助人の同意が必要であり、同意がなければ取り消すことが可能です。補助人に与えられる代理範囲は、家庭裁判所が定める特定の法律行為となります。

②任意後見制度

十分な判断能力があるうちに、自分が将来、判断能力が不十分な状態になったときに備えて、判断業務を託す任意後見人を選び、あらかじめ公正証書によって契約をしておく制度です。

本人の判断能力が低下した後に、任意後見人が、家庭裁判所に選任された任意後見監督人のチェックを受けて契約で決められた行為を行います。

（2）成年後見制度のデメリット

本人の財産が凍結されてしまいます。原則として、本人のために必要となる最低限のことにしか本人のお金を使えないからです。

子が後見人である場合、子に生計を維持されているか生計が別であればまだいいのです。

しかし、妻が後見人になった場合は、生計が一緒で夫のお金で生計維持されているケースが多く、さまざまな場面で不都合が生じます。私の友人も、夫の成年後見人になったため精神的な負担もかかり不自由な思いをしました。

(3) 成年後見制度と家族信託

成年後見制度では、本人の財産が家庭裁判所の監督下に置かれます。監督人は、法律や数字に詳しいのですが、認知症や介護における日常生活のことに詳しいとはいえません。介護費用や本人の生活に必要な費用についての考え方に、後見人の現実と監督人との間でズレが生じるのです。また、年に何回か行う、監督人への収支計算書の報告は後見人にとっては負担です。

元気なうちに家族信託をしていれば、将来においても財産の管理や運用と承継が自分の思いどおりになるのです。ただし、受託人には身上監護権（身の上の看護や保護）がありませんので、成年後見制度との使い分けが必要な場合もあります。

家族信託を活用すれば大切な人に負担をかけずに、終末期医療の希望や夫婦の老後生活の安心設計ができるのです。

13 金融機関での手続き

（1）遺言書・遺産分割協議書の有無

相続が起きると金融機関の考えることは、**貯金の流出を防ぎたい、トラブルを避けたい**（巻き込まれたくない）の2つです。「遺留分の侵害」「遺言書の正当性」をめぐる係争が多いためです（本章3参照）。

金融機関では、あまりにも不平等な遺言書の場合は、念のため（トラブル回避を目的として）協議書を得るケースもあります。遺言書の有無と遺産分割協議書の有無の確認を受け、両者ともない場合は、金融機関独自の所定の協議書（相続手続き依頼書など）を書くことになります。

（2）残高証明書申請手続き

申請は法定相続人しかできません。被相続人の除籍謄本と申請者の戸籍抄本（謄本）が必要です。被相続人と同じ戸籍に入っている場合は、申請者分は不要になります。印鑑証明書1通および実印と本人確認書類（免許証など）も必要です。

要点を次のとおりにまとめます。

・金融機関によって必要書類に違いがあります。あらかじめそれぞれの金融機関に確認を取って行うと、効率的に必要書類を取得できます。

・一度口座が凍結されると、払い出しや解除は煩雑な作業になります。公共料金・税金・クレジットなどの決済関係や、家賃・地代の受領などを速やかに把握し、できるものから変更手続きを取るべきです。

・口座同様に、貸金庫も凍結されるので早めに手続きをしましょう。貸金庫には重要なものが入っています。相続財産や権利関係など、貸金庫を開けなければ把握できないことがあります。

・預金通帳は、名義によって実際の財産（管理人）が誰かで判断するので、不用意に操作しないでください。

（3）全体的な手続きの流れ

表2に、相続開始後の諸手続きに関する流れと期限を大まかに示しました。

■表２　相続諸手続きと期限

期　限	項　　目
7日以内	相続開始： 死亡届の区町村への提出
	年金機構への手続き、その他決済関係諸手続き
	⇩
	遺言書確認：家庭裁判所の検認
	相続人の確認：被相続人と相続人の戸籍謄本
	相続財産の把握：債務・生前贈与の確認
	⇩
3カ月以内	相続放棄：家庭裁判所へ
	⇩
4カ月以内	確定申告
	⇩
	相続税評価額の算出
	遺産分割協議：相続人全員の実印と印鑑証明書⇔遺言による相続
	⇩
10カ月以内	相続税申告・納付
	相続財産名義変更

コラム

～争族になりやすいケースと未分割財産～

兄弟姉妹相続

法定相続人が兄弟姉妹だけの場合は要注意です。兄弟は他人の始まり、とはよくいったもので、仲良く見えた兄弟でも争う事例を見てきました。

分割協議の裏で、相続人の妻や夫が口を挟むと気が変わり、自分の権利を主張するため、協議がこじれ争族に発展することがあります。兄弟姉妹相続は兄弟が同じ権利を持ちます。自分が不利になる内容を焚きつけられると、強い不満を感じるのです。

亡くなった被相続人と兄弟であるので、**相続人が比較的高齢**であることが予想されます。そのことは、3つの思考をもたらします。

1つ目は、年を取るとお金への執着が強くなります。

2つ目は、健康や老後資金への不安があります。

3つ目は、子にも家庭があれば、孫にも何か残したいと子も口を挟みます。

これだけの争族要因があるのです。

兄弟姉妹相続では、揃えなければならない書類が多くなります。その手間に加えて、相続税は**2割加算**されるがゆえに、苦労した分の元を取りたくなります。他の兄弟に代襲相続人がいると、甥にも自分と同じ権利があるので面白くないかもしれません。戸籍謄本によって、登場人物が複雑に増えると、相続の問題も複雑に増えてきます。

未分割財産

先代（親など）の相続財産が先代名義のまま残っている、未分割財産がある事例に当たることがあります。

この場合に相続が発生すると、**被相続人は先代名義財産の相続分を持ったまま亡くなったことになります。この相続分を被相続人財産に加えたものが相続財産**となり相続税がかかります。数字を見ないとわかりにくいので、事例を挙げてみましょう。

父名義の未分割財産が5000万円、父の相続人は本人（被相続人）と弟の2人。

本人（被相続人）の相続財産は5000万円、相続人は妻と長男の2人。

①未分割財産がなかった場合の相続税

5000万円（相続財産）－4200万円（基礎控除）＝800万円（課税価格）

800万円×1／2×10％（税率）＝40万円（1人分の相続税）

40万円×2＝80万円（相続税の合計額）

②未分割財産が5000万円ある場合の相続税

5000万円（相続財産）＋5000万円（未分割財産）×1／2（相続分）

－4200万円（基礎控除）＝3300万円（課税価格）

3300万円×1／2×15％（税率）－50万円（控除額）＝197・5万円（1人分の相続税）

197・5万円×2＝395万円（相続税の合計額）

80万円と想定していた相続税が、未分割財産があったことによって395万円と予想外の高額になるのです。未分割財産の相続分を相続財産に加算することは、多くの相談者が納得できませんが、相続税の決まりなので仕方ありません。

これを回避するには、**未分割財産があればすぐにでも分割する**しかないのです。

共有名義同様に、処理が遅れるほど関係者も増え、問題がこじれ、分割が困難になります。

相続には、思わぬ問題が複雑に潜んでいます。終活と同じく、予防と早期発見・早期解決が基本です。

チェックシート【相続】

相続に関しては、できるだけ細かくわかりやすく記載してください。

○	項目	備考
	被相続人	家系図・転居ごとの住所・できれば戸籍謄本
	相続財産	土地家屋台帳・固定資産税の明細・その他の財産・マイナス財産
	遺言書	方式・保管場所・作成年月日
	その他	

第5章　葬儀と埋葬も自分で決める

1 事前整理

「遺品整理は本当に大変だ！」というのが、叔父たちを見送った私の実感です。

ある叔父の場合は、遺品整理どころではありませんでした。介護状態で入院したとき、ヘルパーさんにお世話になるとき、亡くなった後に何度も大量のごみとの闘いがあったり、床や雨漏りの応急処置、大事なものが残っているかどうかの確認など、挙げたらきりがありません。男の一人暮らしといっても常識を超えたものでした。

（1）遺品整理を残さない

人が亡くなれば、後には大量のものが残ります。遺品整理は必ず発生します。

何が大切なものかわからない、大事なものがどこにあるのかわからない……。また、その価値は本人にしかわかりません。遺品整理を行えば時間も費用もかかり大変なうえに、**どう扱っていいのか判断に困ります**。さまざまなことで遺族は困るのです。そうさせないために、事前整理が重要になります。

（2）事前整理を始めるタイミング

事前整理を始めるタイミングとしては、ものの量がピークになる50歳でしょう。子どもの独立などによる家族構成の変化、ご自身の定年などによる生活の変化など、いくつか考えられます。気がついたら、できる限り早く始めましょう。

ご夫婦で時間をかけながら、ご一緒に始めてください。目的を持って共同作業を行うのです。そのなかで、思い出の品を発見し懐かしい想いに浸ることで、あらためてパートナーへの感謝の気持ちを抱くなど、コミュニケーションも深まります。

（3）事前整理のポイント

「使うもの」「使わないもの」「迷ったもの」の**3つに分けることから、事前整理**を始めましょう。

使うものと使えるものは違います。まだ使えるものでも、もう使わないなら捨ててください。迷ったものでも、1年間使わなかったなら捨てましょう。

そのくらいの潔さがなければ、ものの整理はできません。捨てるという決断が必要なのです。それは、捨てるものを決めるのではなく、残すものを決める決断だと思えばポジティブに考えられます。実際に残したいものから決めていってください。

（4）シンプルな生活のすすめ

老後の生活空間はシンプルなほうがよいです。ものを捨てて小さく暮らすライフスタイルに早く慣れてください。「よく生きる」ために「断捨離」を取り入れて、これからの人生を身軽に生きていきましょう。

事前整理によって、本当にいまの自分に必要なものだけがある家で暮らしていけます。そのことによって、さらに前向きに人生を送ることができるはずです。もちろん、新しいものが欲しくなることもあるでしょう。新しいものを手に入れたら、何かを捨てましょう。**自分が好きなものだけに囲まれて暮らす生活は快適**になります。また、事前整理をすることで、バリアフリーなどの工事もしやすくなるはずです。

（5）家の危険防止のために

家は手入れをしないと傷んでいくものです。叔父たちの家で足の踏み場もないところで作業していると、危険を感じることもありました。

高齢になってから事前整理を行うと、床に落ちているものに足をひっかけたり、つまずいて転倒したりすることも多くなるでしょう。つまり、手入れをしないことで、転倒事故につながってしまうのです。

事前整理だけでなく、高齢になったときに毎日を事故なく過ごすためにも、部屋の片づけが必要となることを実感しました。

(6) 写真の整理

写真については困ったことがありました。1つは、**遺影に使える写真**がなかったのです。生前に慌てて、本人にごまかしながら写真を撮りました。

もう1つは、**写真が多すぎて処理に悩みました**。故人の写真をやたらに捨てることには気が引けます。事前整理のなかでも写真の整理は大事です。

捨てていい写真、残してほしい写真、遺影用、葬儀の思い出コーナー用、棺に入れてほしい写真など、元気なうちにわかるようにしておきましょう。いまは昔の写真をデジタルに入れ込む機材もありますので、うまく活用して整理してください。

(7) エンディングノートの上書き

事前整理をしていると、土地、家屋、預貯金、有価証券などの所有権を証明する書類を発見することがあります。写真などから昔の想いに気づくこともあります。それらについて、エンディングノートに書き込んでください。

事前整理は人生を振り返る、生き方の整理でもあります。また、想いやものをすべて整理整頓することによって、これからの自分の生き方に目を向けることにもなります。

2 デジタル終活

(1) デジタル終活とは

現代社会では不可欠となったデジタル終活について紹介しておきましょう。

デジタル終活とは、パソコンを中心とした**デジタル関連データの事前処理**のことです。例えば写真は、現代では現像ではなく保存するものになりました。パソコンやスマートフォンなどのなかにあるものが、データ遺品として残っていくのです。

写真、知識、趣味、本、書類、資料、住所録、日記、リスト、音声や映像データなど、いまは何でもパソコンやスマホに保存できます。さらには、ホームページ、ブログ、フェイスブックなど、さまざまな登録があります。

これからは、スイカ、ビットコイン、ネットバンク、ネット保険、不動産などというように、重要データがますます増えてきます。ログインやパスワードの管理も1つだけではないはずです。どういうものがあって、それをどうしてほしいのかを、伝え残すのがデジタル終活です。

（2）デジタル終活の必要性

デジタル遺品の特徴は、手に取って見えないということと、どういうものが保存されているかわからないということです。

デジタル終活をしないと、**何が困る**のか考えてみましょう。例えば次のようなことが起こりえます。

ＦＸなどのネット証券の損失によって遺産が目減りしていた、ＳＮＳ・ブログ・ホームページなどの放置によってアカウントを盗まれ第三者に被害が及んだ、有料アプリなどをそのままにしておき死後も継続して引き落とされていた――。知らないうちにこうした不利益を被っているのです。

余計なことですが、男は間抜けで未練がましい生き物です。デジタル遺品のなかに、不倫の証拠が残っているかもしれませんので、そういうことも要確認です。

（3）デジタル情報の棚卸し

デジタル情報（財産）の流れは、リストアップ↓仕訳↓エンディングノートへの記載となります。

デジタル情報（財産）は目に見えないものが多いです。リストアップは、自分自身が持っているデジタル情報（財産）を知ることから始め、次に、パソコンやスマホ上のオフライン情報とインターネット上のオンライン情報に分けましょう。

（4）デジタル情報の仕訳

①絶対に残す、②できれば残す、③絶対に隠す、④できれば隠す、⑤破棄する、の5つに分類します。このとき**優先順位や機密性**を考慮し、大事なものから対策を立てましょう。分類をしたら、エンディングノートへ記載してください。

（5）デジタル終活の方法

自分一人でやる場合と、業者などの第三者に依頼する場合とがあります。自分のデジタル処理能力と、第三者に依頼するメリット・デメリットを考えて選びましょう。

デジタル終活は新しい分野なので、新しく開発されたサービスが出てくることも予想されます。現代社会において、欠かせないものになることは間違いありません。

3 葬儀・埋葬に関する故人の希望と周囲への配慮

（1）葬儀・埋葬に対する意識の変化

最近は、葬儀や埋葬に対する考え方も人それぞれになり、さまざまな形で葬送が行われるようになりました。50年以上にわたり、昔ながらの形式で家族の葬送にかかわってきた私としては、最近の葬儀に参列して違和感を覚えることがあります。

病院で亡くなる人がほとんどになっても、20世紀までは、病院で亡くなった後、自宅に帰って数日間過ごし、それから葬儀場で通夜式・告別式をして火葬場へ、という流れが一般的でした。

近ごろでは遺体を引き取れる状況でも、葬儀は行わずに火葬場へという遺族もいます。なかには、一度も面会に行かずに火葬するケースもありますが、葬儀が済んでから「本当にこれでよかったのか」と後悔される人も少なからずいるようです。

また、以前は、死後の葬儀から四十九日法要まで気が抜けないものでした。現在は、死によってそれまでの介護看護や医療費の負担から解放され、その時点で、悲しみとともに気が抜けてしまうのです。

核家族化が進んで久しくなります。家に仏壇や位牌がなかったり、親が仏様に手を合わせたところを見ずに育った人が喪主になるケースが多くなってきています。死の受け止め方や、どう向き合っていいのかわからない、というのが本音なのかもしれません。

（2）故人の希望と周囲への配慮

儀礼的な葬儀や埋葬に拘束されて、支出が予想外に増えたことや面倒くささが生じたことに悩んでいる人が増えているように感じます。大きな葬送を望んでいなかったという故人の気持ちを尊重したいという想いもあることでしょう。また、時代背景が変わり、世間とのつきあい方も変わったことで想像以上に質素で簡略化されることは当然の流れともいえます。

葬送の方法に変化があったとしても、本当に大事なことは過去も現在も変わりません。それは、心を込めて葬送するということです。

私が喪主として葬儀を行うなかで意識したことは、**派手すぎず簡素すぎない葬儀「＋α」**を目指すことでした。**「＋α」とは、故人の希望と周囲を配慮することを意味**しています。

直葬のようなシンプルな送り方をする場合は、親類や故人の友人にも知らせない遺族が多く、後々になって「なぜ知らせてくれなかったのか？」と周囲との間に波風が生じることもあります。また、葬儀の規模は、予想される参列者の数によっても考えなければなりません。そのためにも、エンディングノートに交友関係や連絡先が書かれていることが望ましいのです。

葬儀にお金をかければいいというものではありません。心を込めていただきたいのです。亡くなった方の想いを尊重しながら、参列していただいた故人と縁のある方々への心遣いが伝わるように執り行ってください。

4 葬送の流れ・手続きの記録

(1) 葬送の流れ

死や葬送に対する意識が変わってきたことをお話ししましたが、以前からの慣習に沿った葬送の流れを復習してみましょう。

人が亡くなった後には、社会的にも法律的にも、故人の供養に関してもさまざまな手続きが必要になります。

社会的な手続きは、主に近所や故人の勤務先、お世話になった人、お寺などへの挨拶回りです。勤務先では、私物の整理や給与精算などが必要になる場合があります。

供養では、四十九日が大きな区切りです。葬儀が終わると、すぐに四十九日法要の準備が必要になります。会場の手配やお寺への依頼、香典返しの発注などです。

葬儀には、喪主の決定↓葬儀の宗教形式・宗派の確認↓葬儀の規模・費用・日程の決定が必要となります。また、一般的には、死亡日に納棺↓翌日通夜↓翌日葬儀・告別式という流れになりますが、実際にはご住職や火葬場の都合が優先されます。

①式場の決定、葬儀社との打ち合わせ

現在の葬儀社は、臨終の際から葬儀後の仏事に至るまで、すべてを取り仕切ってくれます。わからないことは何でも相談してみましょう。しきたりに関してもノウハウがあるはずです。

古くからの地元の葬儀社は、地域ごとのしきたり・風習を心得ているので助かります。

②ご住職との打ち合わせ

葬儀の日取りと時間、読経してもらう僧侶の人数、戒名の依頼などがあります。戒名料を含んだお布施の額を記録しておきましょう。

葬儀手伝いの依頼と役割分担（代表者、受付係、会計係など）を決めます。

③通夜の準備〜進行と葬儀・告別式の進行

通夜振る舞い、弔辞の依頼、席順、焼香順、火葬場に同行する人数と車の手配、心付けの準備があります。心付けは、霊柩車、送迎車の運転手、火葬場係員、休憩室の係員などに、葬儀料金の精算時に渡します。

④火葬場での弔い

このとき、接待用に菓子やつまみ、お酒などが必要です。また最近は、火葬場で精進落としの宴を済ますようになっています。火葬場係員への心付けも用意しておきましょう。

⑤葬儀後の1年

香典返しは、特にゆかりの深い方に配慮します。葬儀後の初めての正月は年賀状を出さないため、11月末から12月末にかけて、年賀欠礼の喪中ハガキを出します。

⑥法要など

四十九日、一周忌、三回忌、新盆、初彼岸などがあります。

年回忌の法要は一周忌までは友人、知人など広範囲に出席を依頼しますが、三回忌以降は親近者や故人とゆかりの深い人に絞っていくのが一般的です。墓参の後、会食をして故人を偲び、参列者には引出物を用意します。

新盆は、地域によって風習が異なりますが、一般的にはお盆の前日（8月12日）に親戚とご近所が集まり、新盆の棚吊りをします。

（2）記録することの意味

人が亡くなるということは大変なことです。葬儀や埋葬の手続きと流れをその都度メモに取り、そのメモを帳面に写して記録してください。次のときに助かる資料になります。

①次に葬儀があったときの目安になり、自分の葬儀はこうしてほしいという参考にもなります。

②参列者名簿、供物の控え、精進落としなどでの会話を記録しておくと、一周忌までの法要のときの出席者や、参列者との今後のつきあい方がわかります。また、法要の記録も残しておきましょう。

③他の家で葬儀や法要があったとき、どのような距離で接し、香典をいくら用意するのかなどに悩みません。

（3）葬儀関係と税金

原則、墓地・仏壇・仏具は相続税の非課税財産になります。相続課税において、葬式費用は費用になりますが、法要の費用は含みません。

弔慰金は、業務上の死亡の場合で給与の3年分相当額が、それ以外の死亡は給与の半年分相当額が非課税になります。

葬儀費用は相続税の控除の対象になりますので、記録するとともに領収書は必ず受け取り、保管しておきます。

5 空き家・お墓の片づけという社会問題

（1）空き家問題

①経済的理由

個人所有の物件は空き家になることが多いのです。更地にすると**固定資産税が数倍に**増えてしまうため、また、**解体するのに多額の費用**がかかるという経済的な理由によるためです。お金を使って解体したのに税金が上がるのでは、家を利用していなくても解体しない人が多いのは当然といえます。

また、所有者にとって家の存在は想いを含んでおり、解体をためらってしまう側面があります。生活の拠点として長い間住み続けた住宅を壊してしまうことは、家族とのさまざまな思い出や建築時の喜びなども思い起こされ、一層ためらいが大きくなります。

もう1つ深刻な問題があります。古い空き家は、現行の建築基準法施行以前に建てられているため、再建築が認められない土地になっているケースがあります。そのような場合、解体してしまうと宅地としての再利用ができなくなり、空き家状態で放置しておくしかないのが現状です。

②住宅需要の減少

日本の人口はすでに減少し始めています。現在は、世帯あたりの人数が減って、世帯数自体は増加傾向にありますが、やがて世帯数も減少に転じることは明らかです。

世帯数の減少は、住宅の需要が減ることを意味します。新築住宅が増加し続けていることを考えれば、近い将来に必ず住宅の過剰供給が問題になるでしょう。

政府も、新築住宅から中古住宅の活性化に向けて政策の舵を切っています。アメリカでは住宅市場の９割以上が中古住宅などであることから、欧米では中古住宅が高値で売れているのです。

③社会的背景

空き家を増やす要因として、晩婚化と少子高齢化があります。

さらに深刻なのは、**空き家予備軍**と呼ばれる一人暮らしの高齢者が急増していることです。このままでは、近い将来に空き家は倍以上になります。

また、街づくり計画に伴い、取り残された地域には人が帰ってこなくなり、空き家になってしまうという背景もあります。

こうしたなかで、政府は空き家対策特別措置法を成立させましたが、社会的問題と空き家再利用計画に取り組まない限り、解決しない問題だと思います。個々の火事を消しても、出火原因が解決できなければ、火事をなくすことはできません。

（２）お墓の片づけ

墓じまいとは、お墓参りする人がいなくなり、お墓自体を処分することをいいます。雑草に覆われて墓石も見えないような荒れ墓、使用者が不明の無縁墓は増え続けています。

①次の代への迷惑

自分の代でお墓をなくしてしまうのは気が引けるけれど、お墓の管理で子どもに迷惑をかけたくない想いが強くあります。無縁墓にしたくないから、思い切って更地にするなどといった考えも生まれます。

お墓を撤去した後はどうなるのでしょう。遺骨は主に合葬墓や納骨堂に移す、親族所有のお墓に納める、海や山へ散骨するなどの方法で供養されています。

②お墓の維持の困難

お墓の片づけについても、少子化と核家族化が大きな影響を及ぼしています。

昔は、お墓には親や同居していた祖父母が入っていることが多かったので、その親近感から多くの人がお墓参りに行っていました。ところが、核家族化が進行した現在、その子どもたち世代が祖父母に会うのは年1、2回という状況です。さらにその子ども、つまり孫世代が墓守になるころには、お墓参りする人もぐんと減り、一気に無縁墓が増えるといった結果につながるのです。

③新しい試み

高齢者や遠くに住む人のための墓守サービスや、納骨堂で無縁墓にしない方法のほかに、レンタル墓によって、お墓を10年間ほどの期間で借りる仕組みもあります。

自治体も対策に乗り出し、墓守代行やレンタル墓なども広がってはきましたが、少子化や過疎化などの荒れ墓を生む要因に大きな変化は見られません。

6 本当にある夫婦別墓と死後離婚

(1) 夫婦別墓

夫婦は生涯をともにし、亡くなってからも同じお墓に入るのがかつては当たり前でした。しかし、夫と同じお墓に入りたくない、亡くなってからは一人がよい、と考える妻が増えてきています。理由は、夫の親と折り合いが悪かったり、夫へ愛情を感じていないなど、さまざまです。男性でもそう感じる人が増え始めているようです。そのため、最近では「夫婦別墓」を望む人が増えています。

夫は、継承者として実家のお墓に入ることになるでしょうから、夫と別のお墓に入るということは、自分の入るお墓を建てなくてはならないということになり、それなりのお金がかかります。

昔のように家にがんじがらめにされるのではなく、死んだ後のことも自分の意思で決めることができれば、生きているうちから安心することができるでしょう。

自分が死んだ後、どこのお墓に入れられるかは、何も意思を残していないと遺族の意向が通ったりします。そのため、「実家のお墓に入れてほしい」など、エンディングノートに一筆書いておくといいでしょう。

婚姻関係があっても別々のお墓に入るのは、個人の意思で決めることができるので、法律上では全く問題がありません。ただ、実際問題として必要となるのが、夫や子どもたちといった家族の同意です。

遺骨は遺族がお墓に埋葬するため、**家族の同意を得ておくことが必要**になります。話しにくいことかもしれませんが、夫婦や家族でお墓について話し合うことが大切なのです。

（2）死後離婚

配偶者の死後に「姻族関係終了届」を提出することで、配偶者の血族（姻族）との関係を終わりにすることができます。死後に離婚することはできませんが、実質的に離婚と同じ効果を得られるので「死後離婚」と呼ばれ、年々増加しています。

そんな死後離婚を望むのは圧倒的に女性が多いといわれています。その多くは、嫁姑問題に悩まされているなかで夫に先立たれたという理由からです。夫が亡くなった後、同居していた姑との二人暮らしを余儀なくされ、夫側の親類からも半ば押しつけられて、結婚直後から抱えていた夫の家族への不満が爆発してしまった、というケースがよくあります。

「姻族関係終了届」を提出することで、姻族との関係を民法上、他人に戻すことができます。相手方の同意は必要ありません。これによって、姻族の扶養義務がなくなります。提出したその日から効力が発生し、姻族のお墓に入る必要性やお墓の管理義務なども負わなくなります。

ただし、届けを出しても姻族との関係がなくなるだけで、夫との関係は変わりません。つまり、遺産はもちろん、遺族年金も死後離婚前と変わらず受け取れるのです。

自分の死後、妻は必ずお墓や老いた両親を守ってくれるものだと決めつける時代は終わったのです。夫としては、妻の立場を理解するとともに感謝し、夫婦のコミュニケーションを大切にしましょう。

7 ゼロ葬と遺体ホテルの現実

（1）ゼロ葬

ゼロ葬とは、家族が葬儀もせず誰も遺骨を引き取らず埋葬さえしない場合に、家族に代わって埋葬するサービスのことで、次のようなものがあります。

①預骨

お墓ができるまでの一時的な預かりサービスです。しかし、預けた人との連絡が取れないケースが増えてきています。捨てていい遺骨、ほったらかしにされた、さまよえる遺骨と呼ぶ人もいます。

別居中の夫の孤独死、少ない年金生活、借金の押しつけからの夫への不満など、さまざまな理由から引き取りたくないという現実があります。このような遺骨は、合同墓へ埋葬されます。

②迎骨

家まで引き取りに来て、合同墓として埋葬するサービスです。

親戚と疎遠で入るお墓がない、遺骨があると責められているようで辛い、会ったこともない人の遺骨が届けられたなどの背景があります。

③送骨

宅急便で送るだけで合同墓に埋葬してくれるサービスです。

やはり、死や葬儀埋葬への考え方が変わってきていることや、長寿化で子も高齢になり老後資金に苦労しているなどの社会的問題が、こうした無縁遺骨を生み出しているのです。網棚遺骨——遺骨を風呂敷などに包み、電車の網棚に置いたまま放置して去っていくケース——すらある時代です。親しい友人に「俺の骨を拾ってくれ」と、当たり前に考えていた私には寂しく思えます。生きているときの人とのかかわりあい方、亡くなった後のかかわりあい方を考えさせられます。

（2）遺体ホテル

混み合う火葬場の順番待ちをしている間、遺体はどこに安置しておけばいいのか、遺族にとっては切実な問題になります。このニーズに目をつけた多死社会の新しいビジネスが、遺体ホテルです。今後、葬儀難民が増えると思われるなかで、経済的にも負担が少ない見送り方かもしれません。

家族のみで故人を送る「家族葬」、故人の写真を３Ｄプリントで立体化する「遺人形」など、近年の葬儀業界はサービスの多様化が進んでいます。

遺体ホテルの場合、遺体を預かることに特化した施設という点に特徴があります。また、葬儀社の会館やお寺と違い、遺体ホテルでは一般的なセレモニーは行いません。

家に遺体の安置スペースがない場合や、セレモニーは行わず火葬のみで済ませたい人、先に火葬だけ済ませてあらためて葬儀を行いたい人などのニーズに応えたサービスといえるでしょう。

遺体ホテルのニーズが高まっている背景には、親子が同居していない家族が増えたことも挙げられます。そして、ここでも葬送に対する意識の変化が影響しています。遺体ホテルの利用者には、住宅事情に関係なく、自宅で遺体を預かる選択をしない遺族も増えているのが現状なのです。

（3）遺品整理サービス

故人の残した遺品や家財を整理するサービスです。

これまで一般的に遺品整理は遺族の手で行われてきました。遺族が多忙な場合や、遺品整理する場所が遠方にある場合など、遺族の力だけでは支えきれない現状から生まれたサービスです。

8 終活を複雑にしたもの

長寿社会と核家族化、そして未婚・離婚・再婚が、葬送の形を多様化していますが、これらのことは相続が複雑になり争族を生み出したことにも関連しています。

次の3つの問題が終活をどのように変えているのか、まとめてみました。

(1) 長寿化の問題

①子の高齢化

少子高齢化による人口構成の変化は、年金や医療・介護などの社会保障費の負担を大きくしています。また、介護費用の増加は、社会保障の充実が危うくなる事態を招くのです。

晩婚化によって、親の介護や相続のころには、**子の大学進学や結婚式**などに何かとお金がかかる時期と重なり、家計を圧迫します。

自分自身が高齢になると、**親の面倒**を見ることが経済的にも肉体的にも大変になるだけでなく、**自分の老後の生活資金**も心配しなければなりません。これでは、終活プランも崩れてしまいます。

②親より子が先に亡くなる場合もある

死亡の順番が逆になるケースも出てきます。長寿化によって、子が、がんあるいは脳や心臓の病気で先に死亡する場合があります。そうなると、子に面倒を見てもらえなくなったり、**人間関係・家族関係が複雑で頼る人がいなくなったりする**ことも考えられます。

相続においては、本来の継承の流れが変わり、予想外の相続人が登場するケースもありえます。

③高齢者夫婦世帯・高齢者一人暮らし

怪我や病気の発見と応急対応、防災・防犯上の心配、介護やお金の不安、将来の空き家問題など、高齢者世帯のリスクを挙げればきりがありません。

（2）核家族・利己主義

①核家族の長期化

お墓の片づけのように、核家族化そのものより、**核家族という言葉が流行してから半世紀以上たったことが問題**なのです。すでに子や孫を持った人が、核家族のなかで育ったことになります。世帯主に大家族で過ごした記憶がないのです。

②風習が伝わらない

かつては、地域社会のなかで大家族として地域の風習やつきあいがありました。いまでは、Uターンして地元に戻ることになっても、**地域の人との接し方がわかりません。**親戚づきあいにしても同じことがいえます。

③利己主義

大家族のなかでは、祖父母から学んだこともありました。いまでは、そのようなコミュニケーションもなくなり、**親兄弟や祖父母との関係が薄くなりました。**

家族が困っていても自分が大事だったり、人間関係よりお金が大事だったりと、個人の利益を最優先します。それが相続でもめる要因にもなるのです。

終活の目的は想いを伝えることにあります。核家族化で利己主義に走れば、幸せな終活はできません。

（3）未婚・離婚・再婚などの婚姻関係の変化

①お一人さまの老後

老後資金の不安、健康管理と病気や介護の心配、老後の孤独との向き合い方など、さまざまなことが予測されます。終活もそれに沿った計画が必要です。

②複雑な姻族関係

婚姻や離婚は、新たに親族関係が発生する身分行為（身分の取得や変動を生ずる法律行為）のため、**相続権にも大きく関係**します。姻族関係が複雑になるのです。最近では、連れ子同士の再婚もあり、ますます複雑化するケースも多くなりました。

また、未婚の場合は兄弟姉妹に財産が渡るケースが増えますので、遺言書で、誰に何を相続するのか決めておかなければなりません。

③後継者がいない場合

葬儀やお墓の問題、空き家問題も発生します。さらに未婚は少子化を招きます。このように、婚姻関係の多様化は、現代社会の抱える問題ともつながるのです。

コラム

～納棺師の言葉と葬送の変遷～

私が代表を務める終活団体の基調講演として、2017年6月、元納棺師の方に講演を依頼しました。彼が話す死の直後における現場は、映画『おくりびと』とは違う生々しいものでした。納棺師の仕事の一部をここでご紹介します。

納棺師の仕事

①湯灌《ゆかん》

浴槽など（父のときはタライで、私も父の身体を清めました）を用いて掛け流しで身体を清めることを指します。最近では、病院で行うことが増えているようです。旅立ちの支度として、仏衣などへの着せ替えなども行われます。

②遺体の処置

死の直後に、私たちが思うような死後硬直はありません。体内の水分が出ないように、体中の穴に詰めものをします（祖父のときは、家族でうっかり動かしたため水分が出てきました）。口が開いたままの顔には、顎に帯を結んで口を閉じさせます（父の場合も同じ処置でした）。その他必要に応じて、復元処置をします。

私は体験しているので、当時を思い出しながら聞いていました。講演に来ていただいた人々は、驚きと衝撃で言葉も出せないようでした。この受け止め方の違いは何なのでしょうか。

ほとんどの人が、病院で最期を迎えた遺体しか知らないのでしょう。1976年までは自宅で亡くなった人の数が多く、翌1977年からは病院で亡くなった人の数のほうが多くなったからです。実際に経験している人と、そうではない人とでは受け止め方が違ってくるのは当然のことといえます。

また、その元納棺師の方は、遺族の姿を見て「残された家族がせめて経済的に困らないように」という想いから、いまでは保険の仕事をしています。

「人は自分の死を通して、最後に家族へ大切なことを教えているんです」という彼の言葉は大変印象に残りました。感動しました。私たちの人生への向き合い方や終活について、とても考えさせられる言葉だと思います。

葬送の変遷

私は50年以上前から、同居経験のある9人の最期を看取り、自ら葬送の移り変わりを体験しました。皆さんにも知っていただきたいと思い、ここでは葬送の変遷についてお話しします。

葬送は、伝統的な儀礼のもとに行われていると思われがちです。しかし、私の体験からも、数十年前の葬儀と最近の葬儀とではさまざまな点において違いがあります。

①埋葬

火葬は僧侶が始めたものですが、正式に火葬・納骨が行われたのは702年の持統天皇(645~702年)が最初です。庶民の間では土葬のほうが一般的で、1964年の東京オリンピックまではまだ土葬が残っていました。その後は、ほとんどが火葬になりました。私の祖母は東京オリンピックの年に土葬されましたが、そのときの光景はいまでも覚えています。

②お墓

家族を単位にして合葬されているものを「家墓」といいます。これに対して個人単位で埋葬されているものを「個人墓」といいます。

「先祖代々の墓」などの家墓の建立が本格的に普及したのは明治末期で、明治時代より前には個人墓が主流でした。

③祭壇・霊柩車

現在のような祭壇になったのは、1950年代からのことといわれています。それまでは、ごく簡素な祭具が花環や供物などとともに並べられました。最近は、周辺地域への配慮から、一般的には花輪を並べることがなくなりました。また宮型霊柩車に代わって、洋型霊柩車が増えています。これも霊柩車らしく見せないための配慮からだと思われます。

④葬祭場

1980年代後半のバブルのころまでは、多くが自宅で葬儀を行いましたが、その後は斎場での葬儀へと変わっていきました。自宅での葬儀は、行うほうも手伝うほうも大変でした。喪主にとっては、斎場での葬儀になり楽になりました。

⑤喪服

以前は死の装束は白に決まっていました。黒い喪服が一般的になったのは昭和からかもしれません。明治までを描いた映画や絵画をご覧になればわかると思います。

このように、**葬送のしきたりや概念は時代とともに変わってきました**。この先も、社会のニーズに合わせて変化することでしょう。

チェックシート【葬儀・埋葬】

葬儀・埋葬については、それぞれにお考えがあると思いますので、備考欄は希望に合わせて書き込んでください。

エンディングノートの詳細は人によってさまざまです。本書では各章のチェックシート項目をシンプルにしています。備考欄を参考にしながら、ご自身に合ったエンディングノートを工夫して書き上げてください。

○	項目	備考
	葬儀（希望）	葬祭業者・葬儀の規模方法・通夜から納骨までの進行・宗派・葬儀費用
		遺影・戒名・棺に入れてほしいもの・喪主・弔辞・香典返し・その他
	記録	死亡時の連絡先・親戚住所録・過去の慶弔記録・その他
	埋葬	お墓・納骨・埋葬方法・仏壇・位牌・法事など
	その他	

おわりに

黒澤明監督の『生きる』は、私の大好きな映画です。この映画のストーリーをご紹介しましょう。

主人公は市役所の市民課長。定年を待つだけの無気力な日々を送っていましたが、ある日、自分はがんで余命いくばくもないことを知ります。突然の死への不安と自分の人生への意味を見失って無断欠勤し、夜の街でお金を使っていましたが、虚しさだけが残っていきました。

そんなとき、市役所を辞めて自由に生きている元部下の女性と出会います。彼女の生き方や言葉に心を動かされて、自分にも「まだできることがある」と気づき、行動を起こすのです。

さまざまな妨害行為にも屈せず粘り強く活動し、住民の要望だった公園を完成させて死を迎えます。彼の通夜には、泣きながら感謝する住民や功績を称える市役所の同僚が弔問に訪れました。

がんにならず平凡に人生を終えたら、多くの人々の感謝や感動はなかったことでしょう。「まだできることがある」と行動したことで、主人公の人生が実のあるものになったのです。『生きる』は1952年の映画です。「終活」という言葉が世に出る50年以上も前の作品になります。**黒澤明監督は、この映画に『生きる』というタイトルを付けました。**エンディングノートや終活は、自分らしく生き抜くためにあると私は考えています。

最後までお読みいただき、ありがとうございました。

終活の各分野を駆け足で見てきました。いま思うと、読者の皆さんは読み疲れたのではないかと不安にもなります。

本書を終活デザイン図として、関心の強い部分にはご自分で色を塗って活用してください。それぞれの相談実績に加え、自らの体験をふまえて執筆しました。ワンポイント的なアドバイスになれば幸いです。

日常のさまざまなところに、終活の材料が転がっています。皆さんお一人おひとりが、自分に合った終活を組み立ててください。

第2章のコラムで「**秋勝**」と表現しましたが、本書を書き終えて終活はまた、「人生の収穫の活動」＝「**収活**」だと感じています。

早く始めれば収穫は大きいはずです。ぜひ、幸せな「収活」をご自分のペースで始めてください。エンディングノートではなく、人生の2次会オープニングノートを楽しんでいただけたらと思います。

私は、親がいなかった分、多くの人たちとのご縁に恵まれて今日まで来ました。本書を出版することができましたのは、そのすべての方々のおかげです。

私の企画と終活というテーマに興味と理解を示していただいた、合同フォレストの山中洋二さん、山崎絵里子さんのお二人からの励ましやご指導がなければ本書が世に出ることはありませんでした。また、そのお二人との縁をつないでくださったネクストサービスの松尾昭仁先生、どうもありがとうございます。

そして、ともに家庭をつくり支えてくれた妻と娘のおかげで、本書を書き上げることができました。感謝しています。

何よりも、本書を最後まで読んでくださった読者の皆さんに心から御礼申し上げます。

２０１７年10月吉日

終活コンサルタント　安藤　信平

■著者紹介

安藤信平（あんどう・しんぺい）

終活コンサルタント

1961年千葉県生まれ。大学卒業後、JAに就職して金融・保険・相続・年金・税金・ローン・不動産などの業務に従事。

53歳でファイナンシャルプランナーとして独立。自身の体験から「50歳になったらエンディングノート」と提唱し、終活のスタートからゴールまでをサポートしている。

JA時代も含めて、これまでに3000件以上の相談を受けており、親の介護と教育資金の2つの負担を背負う責任世代、定年後の生き方に悩む人々から高く支持される。4世代にわたって相談を受けることも多数。

またCFP（ファイナンシャルプランナーの最上位資格）・宅建・相続士・年金アドバイザー・2級DC（老後資金運用）プランナーの資格を合わせ持つ終活コンサルタントは全国でも少ないため、一般の方のみならず士業の方からの相談も多い。

企画協力　ネクストサービス株式会社　代表取締役　松尾昭仁
組　　版　GALLAP
装　　幀　株式会社クリエイティブ・コンセプト
校　　正　竹中龍太

ファイナンシャルプランナーが教える終活デザインブック

2017 年 12 月 20 日　第 1 刷発行

著　者　安藤 信平
発行者　山中 洋二
発行所　合同フォレスト株式会社
郵便番号 101-0051
東京都千代田区神田神保町 1-44
電話 03（3291）5200　FAX 03（3294）3509
振替 00170-4-324578
ホームページ http://www.godo-shuppan.co.jp/forest
発売元　合同出版株式会社
郵便番号 101-0051
東京都千代田区神田神保町 1-44
電話 03（3294）3506　FAX 03（3294）3509
印刷・製本　新灯印刷株式会社

■落丁・乱丁の際はお取り換えいたします。

ISBN 978-4-7726-6098-3　NDC367　188 × 130